# COME DISEGNARE MANGA

**Una guida completa per imparare a disegnare Manga partendo da zero. Adatto ad esperti e principianti.**

AYAKA HIRO

# SOMMARIO

COME DISEGNARE MANGA

# INTRODUZIONE

Complimenti per aver acquistato questo libro. Questo vuol dire che sei già appassionato di questo fantastico mondo. Molte persone comuni, non amanti di questo genere, scambiano i manga come dei semplici cartoni animati, ma in realtà non è proprio così. Possiamo dire che una volta che si entra in questo genere, è difficile uscirne e tornare indietro. Gli amanti dei manga, lo rendono un vero e proprio stile di vita. Infatti vivono come loro, si vestono come loro e fanno tutto ciò che il manga è un tipo di arte molto particolare, con una storia dietro.

È molto bello imparare a disegnare manga, ma senza una guida step by step, sarà difficile imparare le basi. È proprio per questo che ho scritto questo libro per insegnarti come realizzare un manga da zero. Mi piacerebbe aiutare anche "te" che vuoi imparare attraverso una serie di illustrazioni.

Anche se tu che stai leggendo sei nuovo in questo mondo, non preoccuparti. In questo libro imparerai la storia di come sono nati i manga, i loro differenti stili, come si disegnano, strumenti da utilizzare, guida passo – passo per realizzare il tuo manga, e tanto tanto altro.

Vi darò anche alcuni consigli utili per aiutarvi lungo la strada e affronteremo anche le rifiniture e perché sono necessarie. Ora, preparati a fare il grande passo e a sperimentare il mondo dei manga!

Una volta che avrai finito di leggere questo libro e disegnare quanto illustrato, mi piacerebbe vedere la tua opera attraverso una piccola recensione direttamente su Amazon.

# Capitolo 1

# COS'E' IL MANGA?

Il manga è profondamente radicato nella cultura giapponese ed è stato sviluppato definitivamente nel 19° secolo. La parola "manga", significa letteralmente "disegni o schizzi fatti per capriccio". Il termine è ampiamente utilizzato per l'animazione, il cartone animato e i fumetti. Con l'introduzione dell'animazione giapponese in tutto il mondo, il termine "manga" è stato trascinato con essa rendendo il termine conosciuto e utilizzato in tutto il globo.

Questo evento ha reso la parola "manga" uno dei termini famosi usati in tutto il mondo per gli stili di disegno, che va dai fumetti alle animazioni giapponesi che vediamo in televisione.

Andando avanti, prima di disegnare o praticare l'arte stessa, è sempre meglio avere un'ampia conoscenza o storia su di essa.

## Terminologie

Ora vedremo alcune delle terminologie comuni usate nell'ambiente dei manga o degli "anime". Ho incluso questa piccola lista per aiutarvi a comprendere i termini che ci sono in questo mondo. Così, se doveste incontrare un appassionato di anime o manga, sapete come affrontare il discorso.

Gli appassionati di anime non potranno fare a meno di usare alcuni di questi termini. Questo perché a loro sembra che gli anime facciano già parte della loro vita. Parliamo di vera ossessione e di stile di vita.

### Anime

Questo termine è usato per chiamare la versione animata del manga. Nelle zone che si trovano al di fuori del Giappone, il termine anime è usato vagamente per indicare i cartoni animati giapponesi. In Giappone, il termine anime viene usato per tutti i tipi di cartoni animati, anche se l'origine di essi è di un paese straniero.

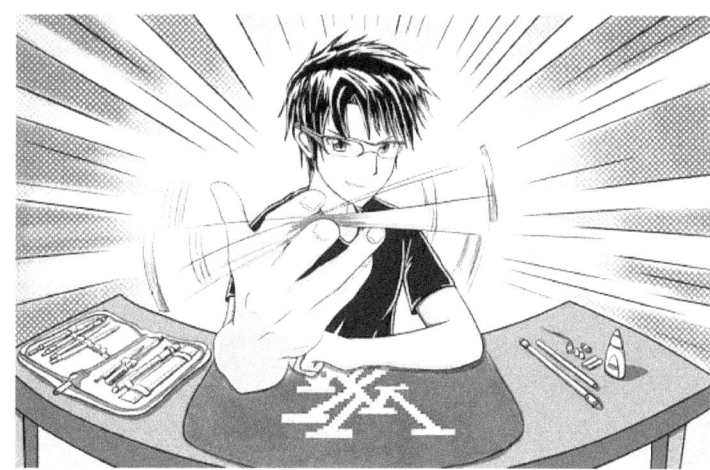

## Ani-Manga

Sono i fumetti che sono prodotti dall'animazione.

Il ciclo di vita del manga è questo: quando il manga inizia a diventare popolare a causa delle richieste della gente, si trasforma in anime.

## Bishie

Il Bishie è un personaggio di bell'aspetto, semi-umano o alieno, indipendentemente dal sesso.

Ha sempre mostrato la manifestazione più forte nella cultura pop giapponese, guadagnando in popolarità grazie ai gruppi "glam rock androgini" degli anni settanta, ma ha radici nell'antica letteratura giapponese della corte imperiale cinese medievale.

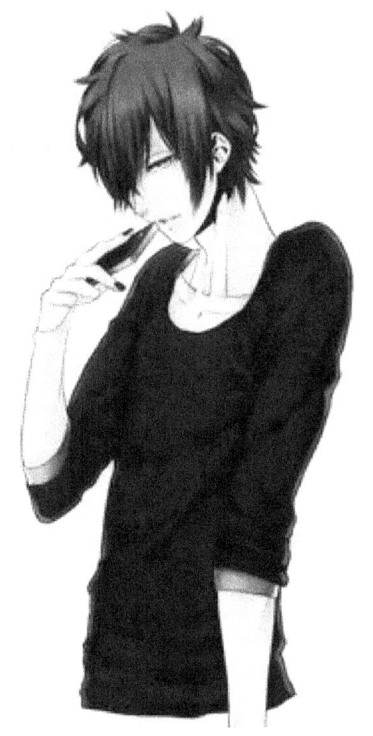

## Bishoujo

Il Bishoujo è un personaggio femminile di bell'aspetto nei manga o negli anime.

I personaggi bishōjo sono presenti in quasi tutti i generi di anime e manga, specialmente nei "dating sim" e nelle "visual novel" (anche conosciuti come bishōjo games) e nei manga e anime del genere "harem".

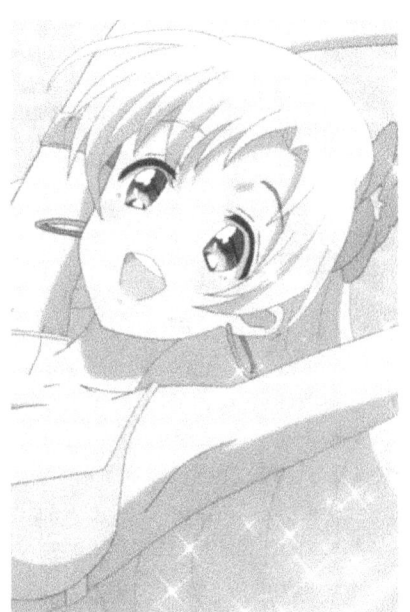

## Bishounen

Il Bishounen è un personaggio maschile di bell'aspetto dei manga o anime.

Il Bishounen può essere:

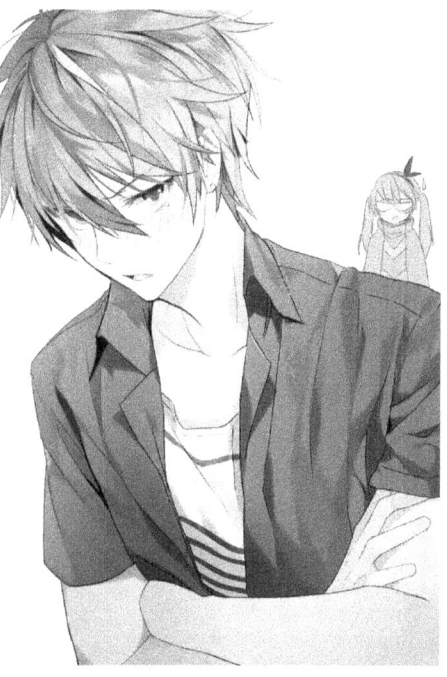

-     Un ragazzo magro e non molto muscoloso, con mento affusolato e un'apparenza effeminata.
-     Alcuni appassionati occidentali utilizzano questo termine per riferirsi a qualsiasi bel personaggio maschile, nonostante quest'uso sia impreciso.

## Ecchi

Questo tipo di anime si rivolge al pubblico maschile adulto.

## Hentai

Proprio come l'ecchi, l'hentai si rivolge al pubblico maschile adulto.

## Manga

Manga può liberamente significare o riferirsi all'animazione, al fumetto o al cartone animato. Per tutti gli altri paesi al di fuori del Giappone, il termine manga è usato solo per i cartoni animati realizzati e originati in Giappone. I giapponesi, tuttavia, usano il termine manga per chiamare qualsiasi cartone animato indipendentemente dal paese di origine.

## Mangaka

È un artista di manga, indipendentemente dal sesso.

## Otaku

È un termine offensivo e stereotipato in giapponese. Il termine giapponese "Otaku" può essere paragonato a quello di "nerd" nella lingua inglese. In Giappone, un otaku non è normalmente orgoglioso della sua classificazione. Tuttavia, in aree al di fuori del Giappone, il termine è vagamente usato per indicare coloro che sono ossessionati o molto inclini agli anime o ai manga.

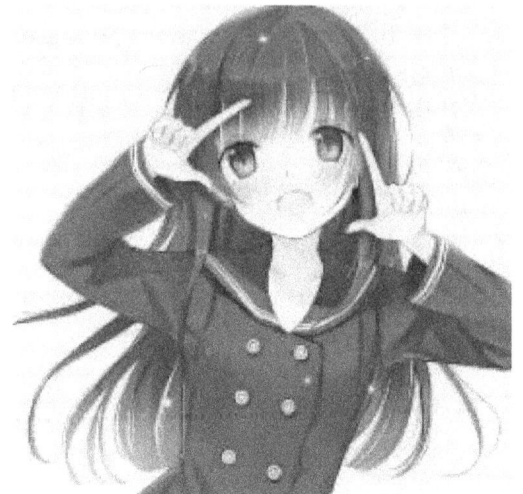

# Capitolo 2

## I DIVERSI STILI DEI MANGA

Ti è mai capitato o hai mai notato che ogni volta che guardi un anime, lo stile di disegno è diverso l'uno dall'altro? Ci sono quelle serie che mostrano ragazze dagli occhi grandi con fiori o colori pastello dappertutto, altre usano colori duri e profondi con i personaggi che mostrano capelli a spillo. Quindi, qual è il vero problema? Hanno una classificazione? Si, più o meno.

Stile non è il termine giusto, ma demografia. Ci sono così tante demografie diverse, ma le più basilari e comunemente usate sono quattro. Alcuni ne conoscono solo due e sono Shoujo Manga e Shounen Manga. Le demografie dipendono molto dal tipo di storia raccontata nel manga o nell'animazione.

## Le Quattro Demografie Comuni.

### Shoujo Manga

Questa è la demografia rivolta alle giovani ragazze tra i dieci e i venti anni. Si concentra di solito sull'umanità stessa, il dramma, la vita scolastica, le relazioni o la vita e i sentimenti che i ragazzi e le ragazze passano quando sono nella fase adolescenziale. Si può dire che è tutto su ciò che interessa alle ragazze. Una cosa che si nota molto nei manga Shoujo sono le tavolozze morbide, i fiori, le scintille, gli angoli meno netti e la poltiglia generale usata per rappresentare i personaggi.

Si enfatizza o si esagera anche la differenza fisiologica tra i due generi per dare risalto alla femminilità che permette loro di mostrare facilmente le emozioni. Per i personaggi femminili, più l'aspetto è da bambola, meglio è.

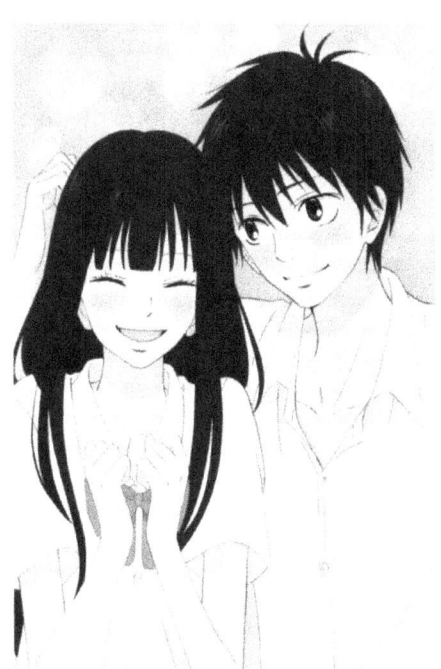

**Shounen Manga**

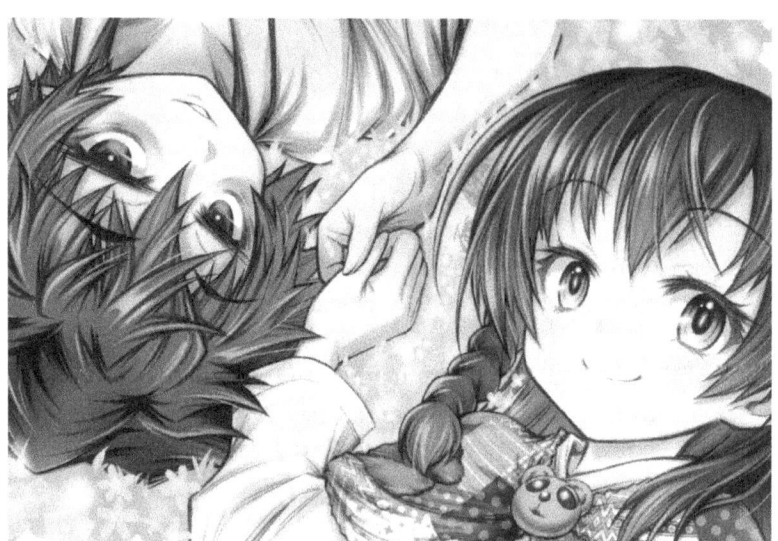

Shounen manga è tutto su ciò che i ragazzi, tra i dieci e i venti anni, fantasticano o temono. È anche dove riversano i loro interessi, in cose come l'azione o l'umorismo. Questa fascia demografica è più definita, dettagliata, nitida e usa tavolozze scure per la mascolinità. Voglio dire, quale persona può immaginare una guerra in piena regola, triste, deprimente e che induce alla sofferenza, quando ci sono piene fioriture di rose rosa pastello che scintillano su tutto lo sfondo?

L'uso del colore pastello da solo, anche senza la presenza di scintillii e fiori, è sufficiente a rovinare la vostra normale prospettiva di un combattimento corretto e realistico.

**Josei Manga**

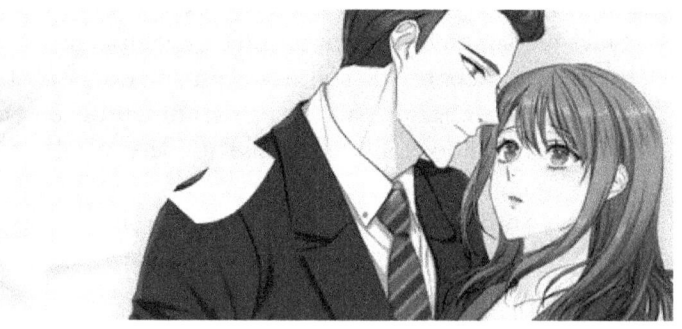

Josei manga è la versione matura dello Shoujo manga. Questo è diretto alle donne mature come pubblico. Puoi ancora classificare Josei sotto Shoujo manga, ma c'è un po' di differenza. Lo stile artistico dei manga Josei è proprio come quello dei manga Shoujo, tranne per il fatto che a volte i personaggi femminili nei manga Josei hanno seni più grandi e occhi più piccoli. A causa di questa leggera deviazione dallo Shoujo manga, il Josei manga è talvolta confuso come "Seinen o Shounen".

Per quanto riguarda il tipo di storia, questo tipo di manga tende ad andare su ciò che le donne di età più matura preferiscono. Si concentra sulla vita, tutti i suoi drammi e su un tipo di amore maturo.

**Seinen Manga**

Se hai un po' di familiarità con i manga Ecchi o "Hentai", questa è la demografia che viene usata principalmente per il genere precedentemente menzionato. Ora, solo perché ho menzionato Ecchi, non significa necessariamente che è il genere a cui sono destinati i "seining manga". I manga Seinen sono diretti a maschi maturi o più grandi. Shounen può essere facilmente dettagliato, ma Seinen è molto più elaborato, più definito e dall'aspetto scuro.

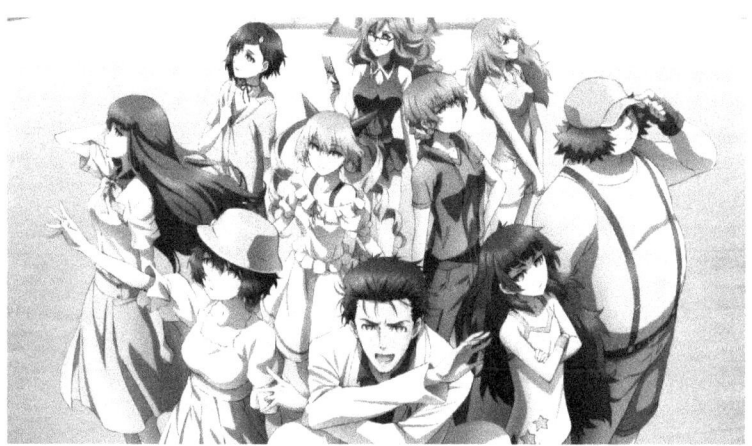

Quindi, questo è più o meno tutto ciò che è necessario sapere dei meravigliosi, ma a volte confusi stili, dei manga giapponesi.

# Capitolo 3

## CONSIDERAZIONI

Prima di passare al disegno vero e proprio, vorrei sottolineare una cosa. Quando si tratta di manga, la maggior parte dei tutorial o libri ti insegnano a disegnare usando le linee guida. Alcuni libri ti darebbero anche tanti modelli da seguire. Le linee guida sono utili. L'unico problema con le linee guida è che, se le tue linee sono distorte, molto probabilmente anche il tuo contorno generale sarà incasinato. Ora, ecco un approccio un po' diverso che vorrei condividere con voi.

Noi includeremo un po' di mano libera, istinto e proporzioni. Imparare a disegnare con l'aiuto delle linee guida va bene, soprattutto per iniziare. È una storia completamente diversa quando i vostri lavori possono già essere classificati come intermedi, ma dipendete ancora pesantemente dalle sole linee guida. Quello che farò è aiutarvi a raggiungere la giusta conoscenza di base invece di dipendere semplicemente dalle linee guida.

Un'altra cosa che vorrei affrontare è l'importanza del contorno nel manga. I manga dipendono molto dai contorni. È molto diverso dal disegno tradizionale, dove tutto si basa sull'ombreggiatura per ottenere un certo grado di definizione. Questo è dovuto principalmente al fatto che i fumetti sono solitamente pubblicati in bianco e nero. Più attenzione si dà al contorno, più si compensa la mancanza di colori. C'è anche un po' di differenza tra la versione a fumetti e quella animata. Se provate a guardare il fumetto di un titolo e a confrontarlo con la versione animata, noterete che l'ombra e la testurizzazione sono più pronunciate nel fumetto. Questo è per la mancanza di colori.

Ora, per la versione animata, se si guarda da vicino, si noterà che le sfumature e la testurizzazione sono smorzate perché i colori sono quelli che si occupano della profondità, della trama e della maggior parte delle ombreggiature.

# Capitolo 4
# STRUMENTI PER DISEGNARE I MANGA

I media usati per i manga sono facili da trovare. Facile, ma alcuni non sono semplici da usare. Inoltre, la percezione abituale per disegnare manga è solo matita, gomma e carta.

Possiamo dire che il manga è abbastanza bello da solo. Non ha bisogno del tipo di carta testurizzata che qualche altro tipo di stile artistico usa solo per essere in grado di enfatizzare l'estetica. Per quanto riguarda le altre cose di cui hai bisogno per poter finire il tuo disegno, c'è molto di più di cui hai bisogno oltre alla matita e alla gomma. Vale la pena pensarci, eh?

## Carta

Ciò che amo del manga è la sua capacità di mostrare la sua bellezza attraverso l'uso dei supporti più comuni e più semplici che ci siano in circolazione.

*Carta copiativa o carta a getto d'inchiostro*

Ora, questo è proprio il tipo di supporto giusto per il lavoro in quanto ha la superficie liscia che ogni opera d'arte ha.

Quello che dovete sapere prima di comprare questo tipo di carta è se è a prova di macchie o no. Perché, vi chiederete? Ricordate che useremo l'inchiostro? Quanto sarebbe straziante spendere e dedicare tante ore a perfezionare gli angoli, i contorni e le ombreggiature e alla fine vedere la vostra opera d'arte con una macchia d'inchiostro.

## Matita

Il manga a matita non è così particolare. Infatti si utilizza l'inchiostro per stratificare il contorno come parte finale dei ritocchi. Ora, ciò di cui avete bisogno sono circa due o tre matite.

## HB

Potete usare questa matita per il vostro contorno iniziale. Nel caso vi stiate chiedendo cosa significa HB, H sta per la durezza (più dura è la grafite, più chiaro è il pigmento) e B sta per il nero (più nero è il pigmento, più morbida diventa la grafite e più sbavata). Alcune persone preferiscono usare matite H, ma dato che stiamo cercando di preservare l'integrità della vostra carta, optiamo per una matita che non sia troppo dura e non troppo sbavata.

## 2B

Questa matita serve per finalizzare il contorno. Per finalizzare intendo che, una volta che siete sicuri che il vostro contorno è ben allineato e in proporzione adeguata, dovreste ricalcarlo per rendere le linee abbastanza audaci. Questa matita 2B è un po' più morbida e più scura rispetto alla matita HB.

## 4B

Questa matita è in realtà opzionale in quanto l'ombreggiatura pesante è, ancora una volta, curata dal colore. Alcuni manga demografici usano ombreggiature pesanti, come il Seinen, e la matita 4B è proprio la matita giusta per il lavoro. Si può stratificare, in seguito, con l'inchiostro, una volta che si è sicuri che la quantità di ombreggiatura è sufficiente.

Per quanto riguarda le caratteristiche di una matita 4B, è la più morbida e scura tra le matite B qui menzionate.

## Matita non fotografica (matita blu)

Questa matita è di un livello totalmente diverso dalle matite H e B. Si chiama matita non fotografica perché, se la usi su carta e la fotocopi o la stampi, non si vedrà. Questa matita è buona per le linee di pratica quando si fa il contorno. Potete facilmente stratificarla con una matita B e inchiostro in seguito, senza dovervi preoccupare se si vedrà sulla copia stampata. Per quanto riguarda la cancellazione, il pigmento blu viene via facilmente.

# Inchiostro

La maggior parte di voi non pensava di averne avuto davvero bisogno, eh? Beh, non c'è assolutamente nulla di sbagliato in questo, se avete solo intenzione di leggere e guardare.

È ora di rompere la regola e lasciate che vi dica cosa dovete sapere. Ora, siete un aspirante mangaka ed è sicuramente il momento per voi di sapere tutto questo.

Sì, abbiamo bisogno di inchiostro. Questo è praticamente un gioco da ragazzi. Si può trovare questo inchiostro in un negozio di forniture artistiche (o colorificio). Ora, come lo userete? Lo userete facendolo nel modo tradizionale. Immergete la vostra penna nell'inchiostro e fate attenzione ai vostri tratti. Ricorda sempre che la macchia d'inchiostro indesiderata è il tuo nemico. I pennelli hanno varie dimensioni che potete facilmente scegliere.

### Penna inchiostro

Se non siete a vostro agio con un pennino a causa dell'inchiostro, non preoccupatevi! Potrete usare un "Uni pin". Questo vi aiuterà a fare il lavoro meno pesante. Uni pin è in realtà una marca, ma non preoccupatevi perché ci sono altre buone marche di penna d'inchiostro.

Le penne d'inchiostro utilizzano ed espellono anche l'inchiostro. La cosa che lo rende diverso da un pennino è che ha un tubo all'interno che contiene l'inchiostro. Rende la vita un po' più facile. Questi tipi di penne sono resistenti allo "sbiadimento" e all'acqua. Un'altra cosa buona è che si può facilmente utilizzare una gomma d'inchiostro e non avrete problemi con le macchie o con la carta rovinata.

### Penna a inchiostro bianco

Non abbiamo necessariamente bisogno di una penna di marca. Io, per esempio, uso una penna da disegno economica per bambini con inchiostro bianco. Questa penna ti permette di correggere gli errori che hai fatto con l'inchiostro nero. Funziona proprio come lo sbianchetto liquido, con il vantaggio dell'assenza della lunga attesa per asciugare.

### Pennino

Ora che sai per certo che finirai per usare l'inchiostro per il tuo prodotto finale, hai bisogno di sapere cosa usare per trasferire l'inchiostro sulla carta e avere ancora un controllo su dove l'inchiostro deve e non deve andare. Qua è dove il pennino entra in scena. Il pennino è la penna tradizionale che deve essere immersa in un calamaio. Ha una punta o un pennino che varia in larghezza e si arriva a determinare quale larghezza utilizzare. Ora, poiché è tradizionale, è molto diverso dalla tua penna a sfera che viene fornita con un coperchio. L'inchiostro si asciuga e questo può significare solo una cosa: pulisci la tua penna a punta dopo ogni uso per evitare la ruggine. Un'altra

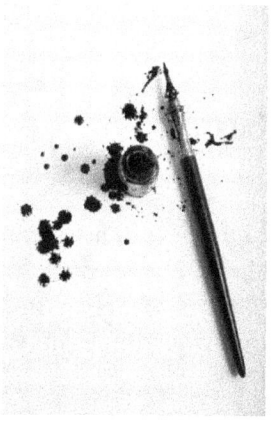

cosa che devi considerare è il tuo comfort nell'uso del pennino.

Questo mezzo ha bisogno di un sacco di tempo per abituarsi e, proprio come con la calligrafia, devi essere attento e sicuro con ogni tratto che fai. Cosa succede se non ti senti molto a tuo agio nell'uso di questo pennino? Cosa devo fare? Beh, dobbiamo diventare un po' più moderni e imparare ad usarla.

## Light Box

Contrariamente alla credenza popolare, molte cancellature sono normali e a volte anche richieste quando si disegnano manga. Il manga ha bisogno di linee precise e a volte, quell'unica linea precisa, può rovinare tutto il tuo lavoro. Per salvarti dall'abbandonare completamente il tuo disegno, entra in gioco la light box. Tutto quello che dovete fare è accendere la light box e vi aiuterà a tracciare le porzioni corrette del vostro disegno attraverso l'aiuto della luce. Una volta che hai finito di copiare o ricalcare le linee che non hanno un problema, ora puoi correggere i tuoi errori facilmente senza problemi!

## Righello

Ne avrete sicuramente bisogno per aiutarvi ad ottenere le linee pulite, dritte e precise, necessarie a volte sui vestiti o sullo sfondo.

## Curva francese

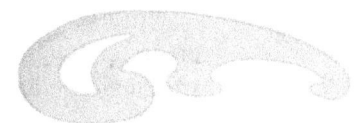

La curva francese è uno strumento di disegno che potete usare per aiutarvi a produrre curve più omogenee di quelle fatte a mano libera. Si può anche usare un compasso, ma la curva francese è migliore nell'affrontare le circonferenze dei vestiti, dei capelli e, a volte, degli sfondi, in quanto ha diverse dimensioni per la curva.

## Gomme

Ogni tipo di arte a matita ha bisogno di gomme e il manga non fa eccezione. Ora, proprio come qualsiasi altra arte a matita, dipende interamente da voi se volete usare la vostra fidata gomma. Ci sono diversi tipi di gomma, ovvero gomma in vinile, gomma in plastica, gomma impastabile e gomma per inchiostro. Questi tipi di gomme non hanno alcuna differenza quando si tratta del risultato delle cancellature. L'unica differenza è la loro capacità di adattarsi a certi angoli e fessure e la durata di vita.

### Gomma in vinile

La durata di una gomma dipende molto dalla frequenza di utilizzo. Ricordate la vostra matita delle elementari con una gomma all'altra estremità? Sì, quella è la gomma in vinile. Dato che abbiamo più o meno un'idea della sua durata di vita, se preferisci usare questo tipo di gomma, assicurati di prenderne una più grande.

### Gomma di plastica

La durata di vita della gomma di plastica è un po' più breve di quella della gomma in vinile. Questa gomma si pulisce molto bene. L'unica cosa di cui dovete prendere nota quando usate questa gomma è che ogni volta che la usate, dovrete pulire la parte che avete usato. Non pulire la gomma di plastica potrebbe creare una macchia sulla vostra carta se la usate di nuovo senza pulirla.

### Gomma impastata

Le gomme impastate sono delle piccole cose meravigliose e morbide. Queste gomme sono morbide e ti permettono di impastarle facilmente, una caratteristica che ti risparmia la fastidiosa pulizia dopo ogni uso. La durata della vita di questa gomma è lunga rispetto a quella della gomma in vinile e quella della gomma e di plastica.

### Gomma per inchiostro

Le gomme per inchiostro sono, proprio come dice il nome, destinate a cancellare le macchie d'inchiostro sulla carta. Alcune gomme per inchiostro sono fatte di plastica o vinile e altre sono fatte di metallo o di prodotti chimici. Per quanto riguarda i manga, la gomma per inchiostro in vinile o in plastica è la scelta abituale dell'artista.

# Capitolo 5

# TECNICHE DI BASE

Ci sono un altro paio di cose che devi sapere. Ora, la tua carta, le matite e altre cose sono già pronte, ma ecco un capitolo veloce per far luce sulle tecniche di base che usano gli artisti professionisti.

## Tratteggio

Il tratteggio è una tecnica di ombreggiatura che coinvolge diverse linee parallele rivolte in una sola direzione. Più le linee sono vicine tra loro, più l'ombra diventerà scura.

### Tratteggio incrociato

Il tratteggio incrociato è proprio come un'intera serie di tratteggi rivolti verso una particolare direzione con un'altra serie di tratteggi sopra di essa, rivolti verso un'altra direzione, rendendo un aspetto incrociato.

### Tratteggio a contorno

Il tratteggio a contorno è un'altra variazione del tratteggio. L'unica differenza è che il tratteggio usa principalmente linee rette. Il tratteggio di contorno, d'altra parte, segue la forma dell'oggetto, il contorno o il profilo. Diciamo, per esempio, che state cercando di ombreggiare l'apertura di un barattolo, invece di riempirlo con linee dritte vicine tra loro per l'ombreggiatura, lo riempirete con linee curve che seguono il coperchio del barattolo.

## Scumbling

Lo scumbling è una tecnica che utilizza tratti circolari o a spirale che, se sovrapposti o disegnati uno vicino all'altro, daranno un effetto di ombra più scura.

## Stippling

Stippling comporta l'uso di punti al posto di linee o cerchi. Si applica la stessa regola che quando ognuno dei punti è disegnato vicino all'altro, sarete in grado di ottenere sfumature più scure. L'unico problema con questo è che può richiedere un po' di tempo, ma ripaga perché ti dà risultati puliti.

ORA TOCCA A TE. In seguito troverai una serie di disegni passo – passo che dovrai replicare su un foglio di carta. Buon lavoro

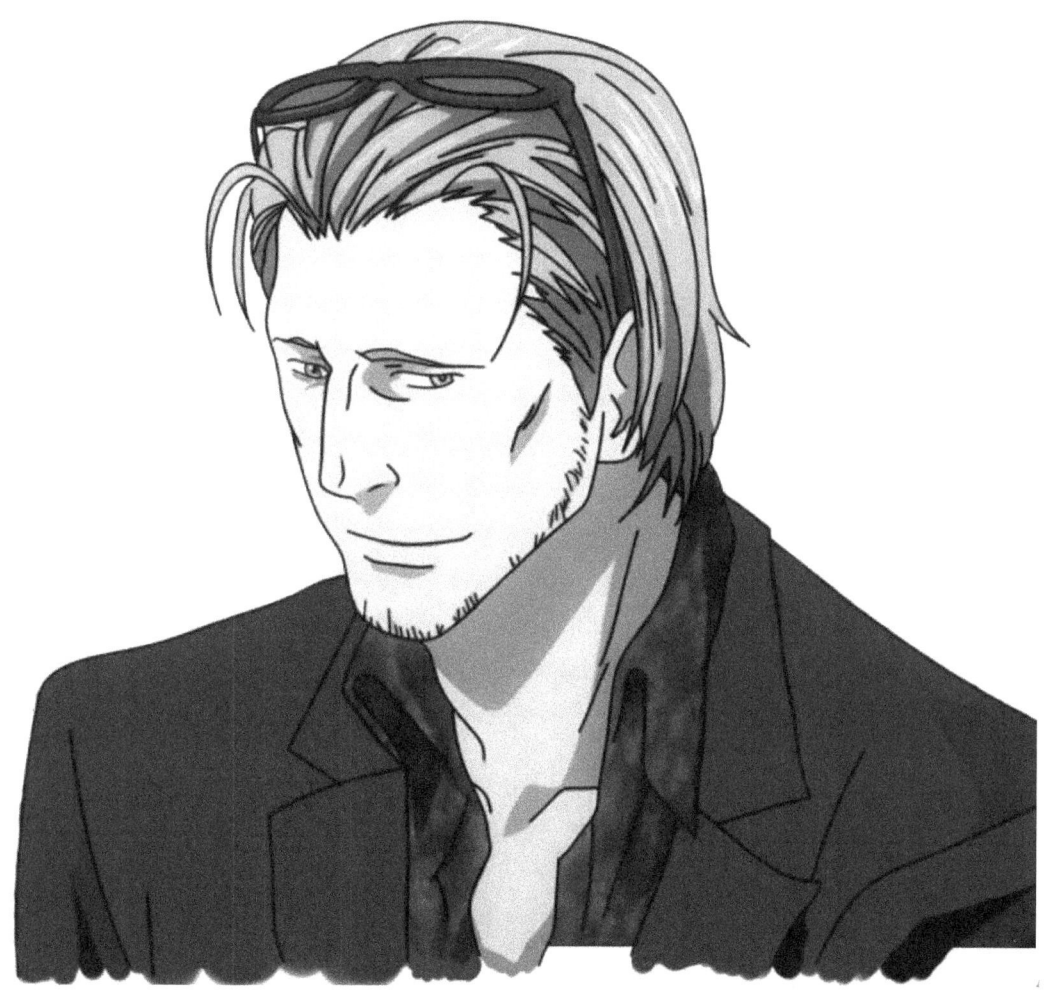

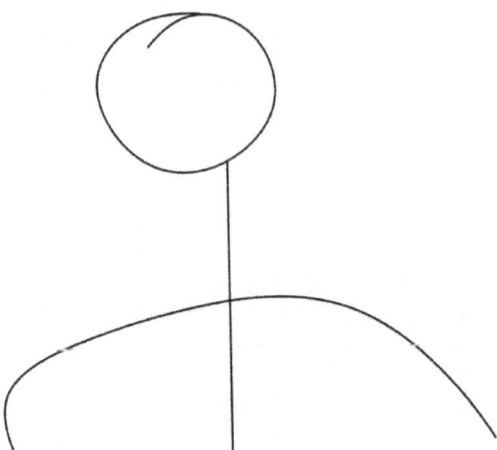

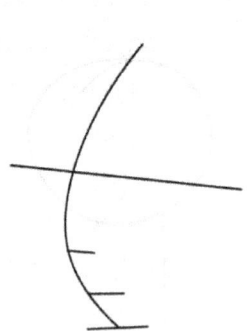

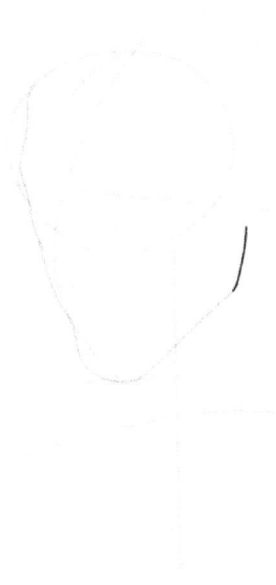

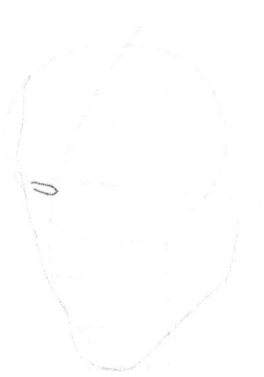

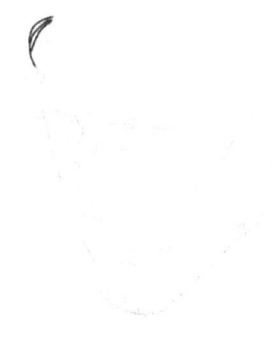

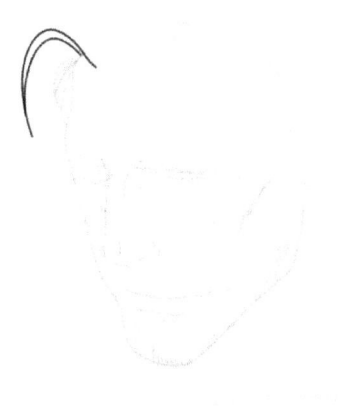

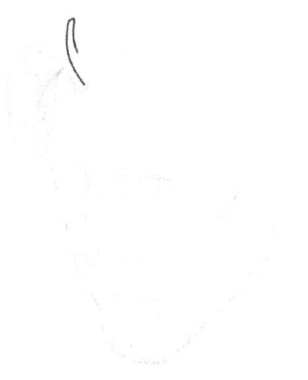

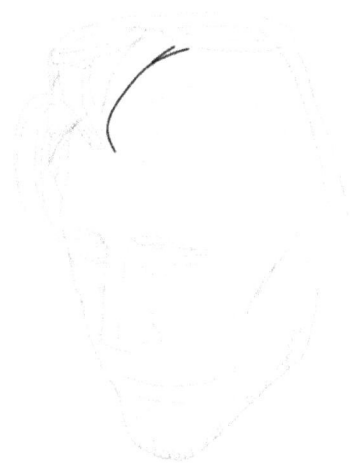

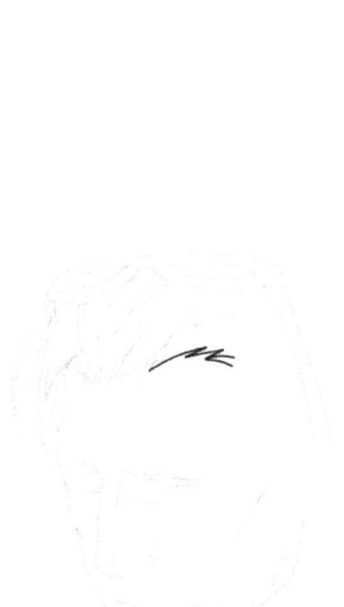

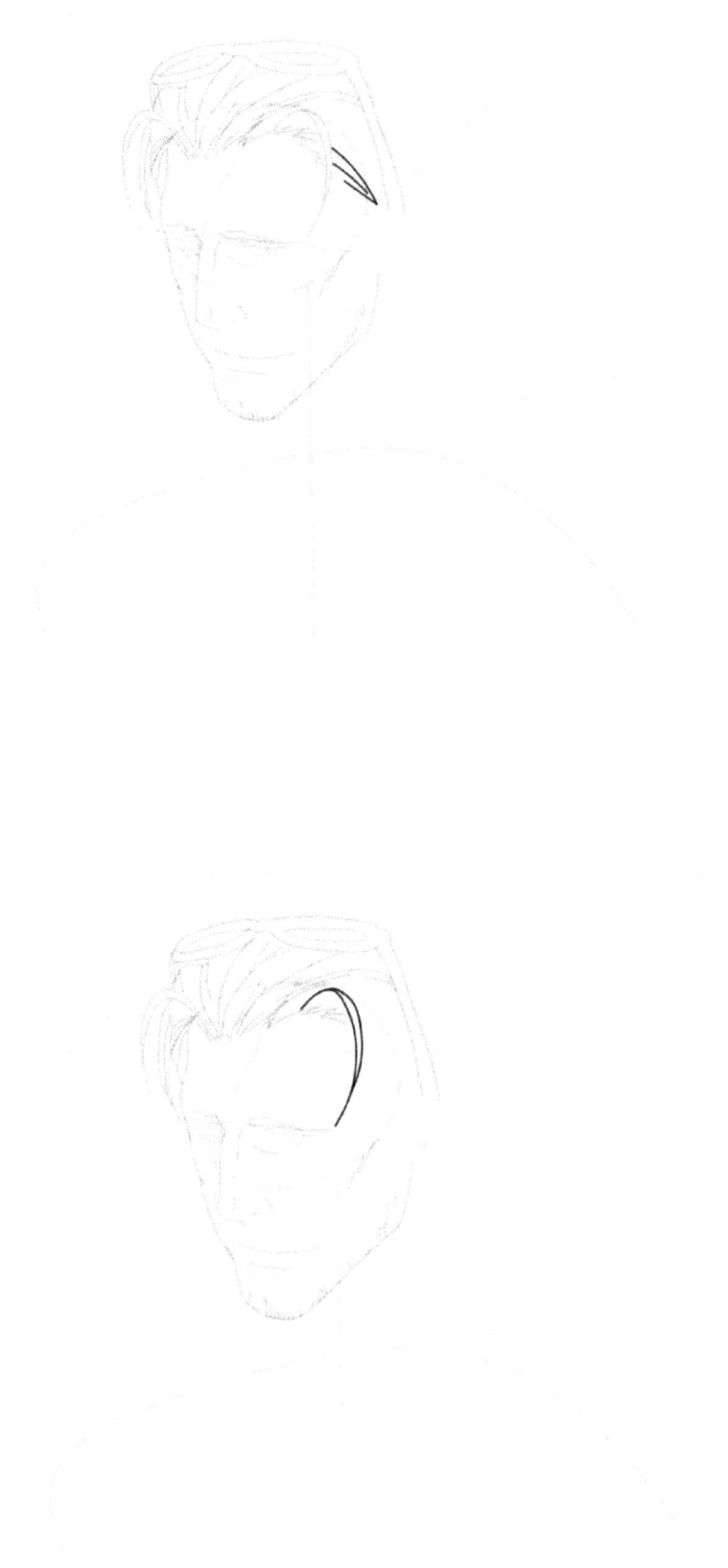

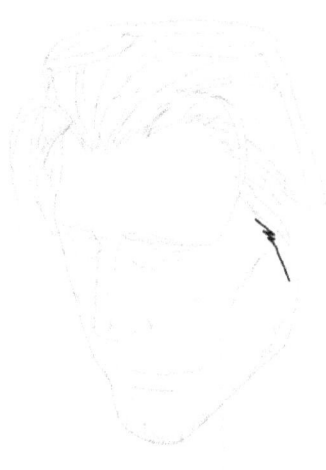

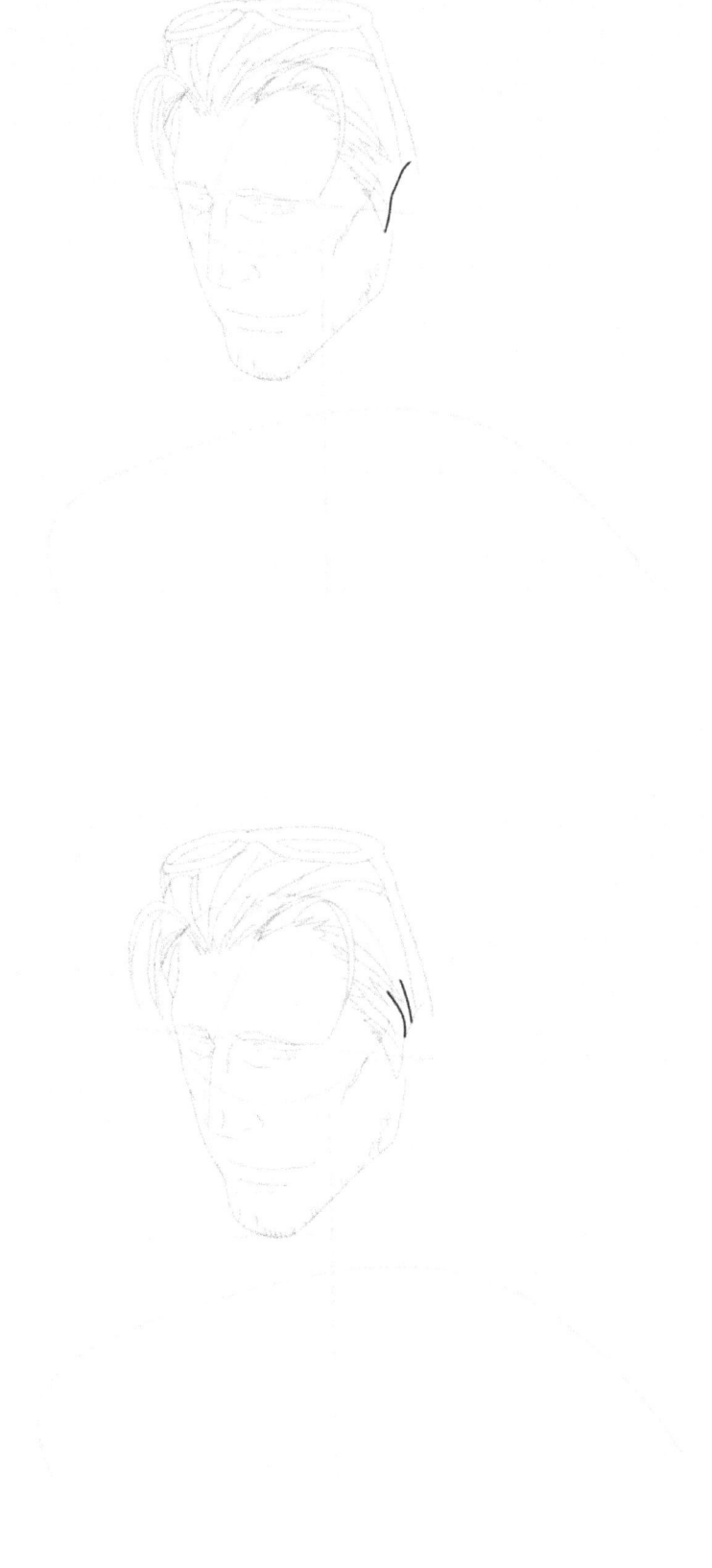

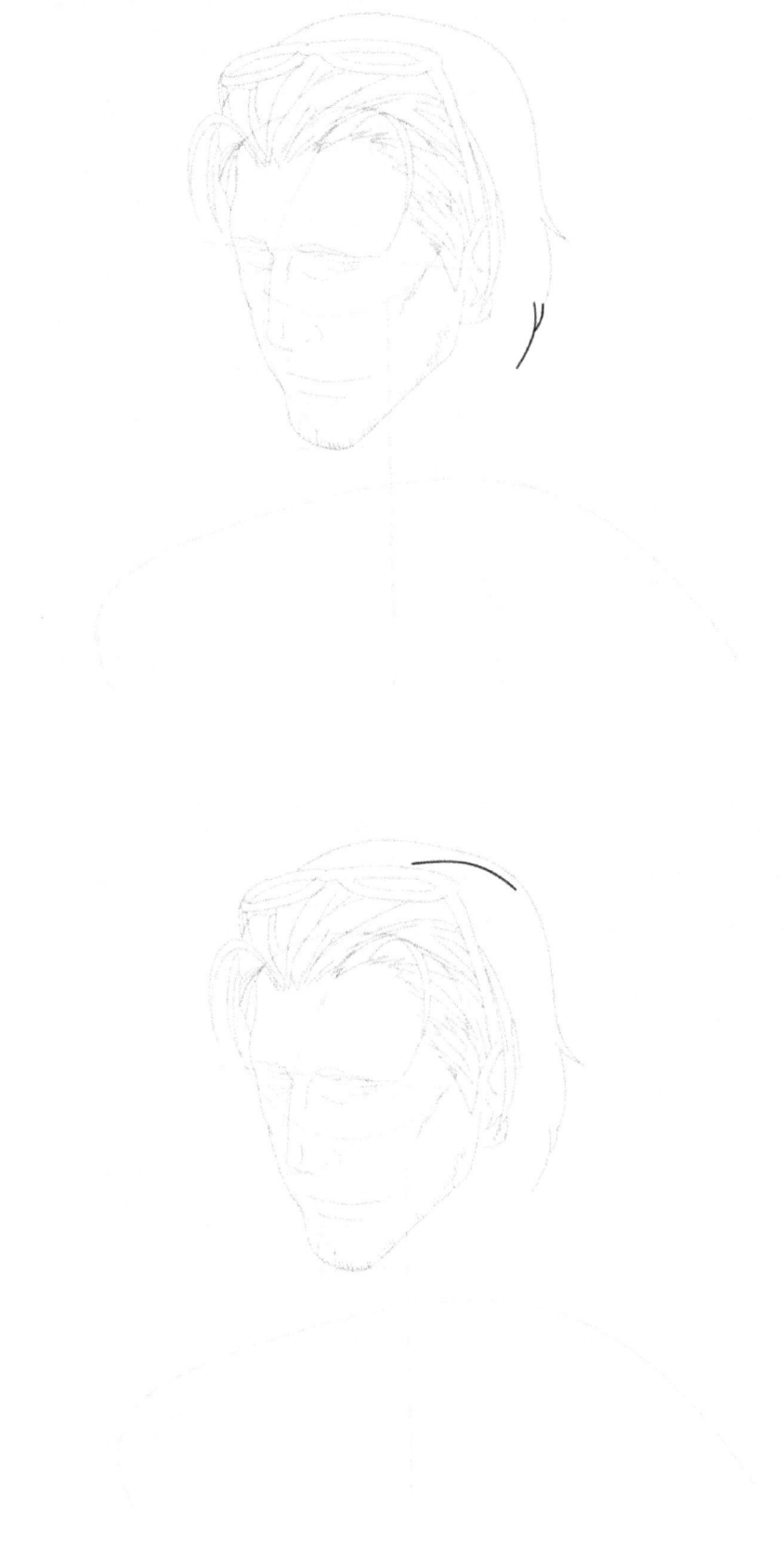

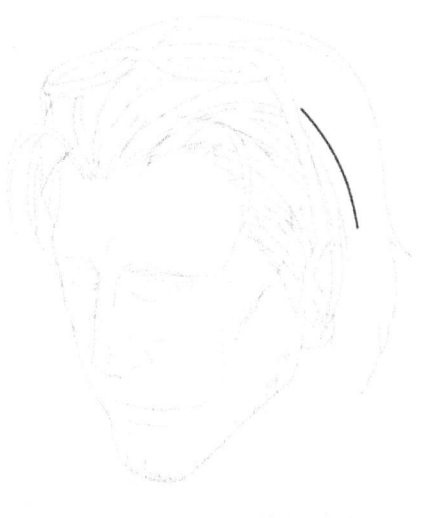

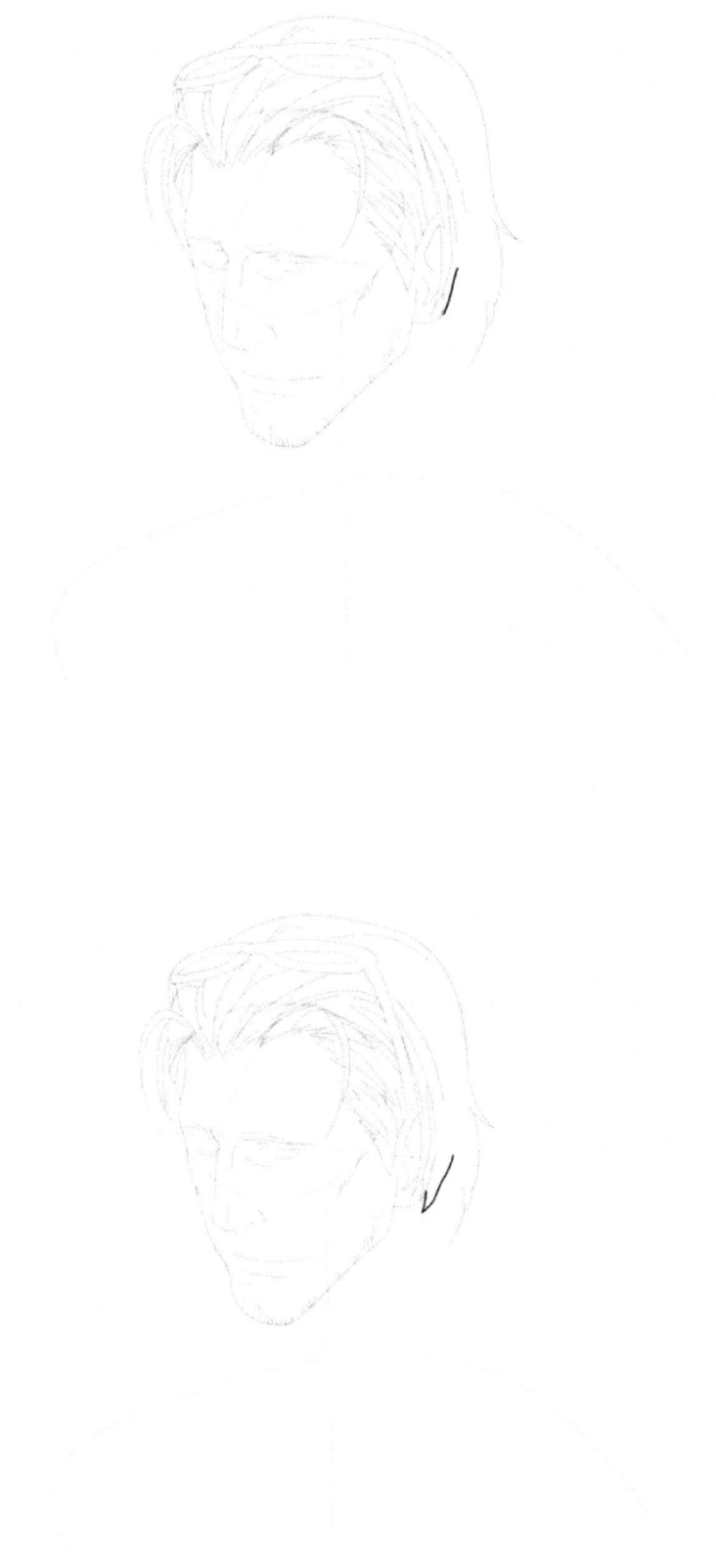

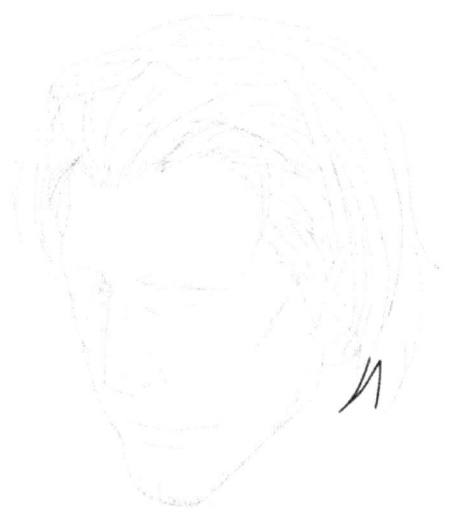

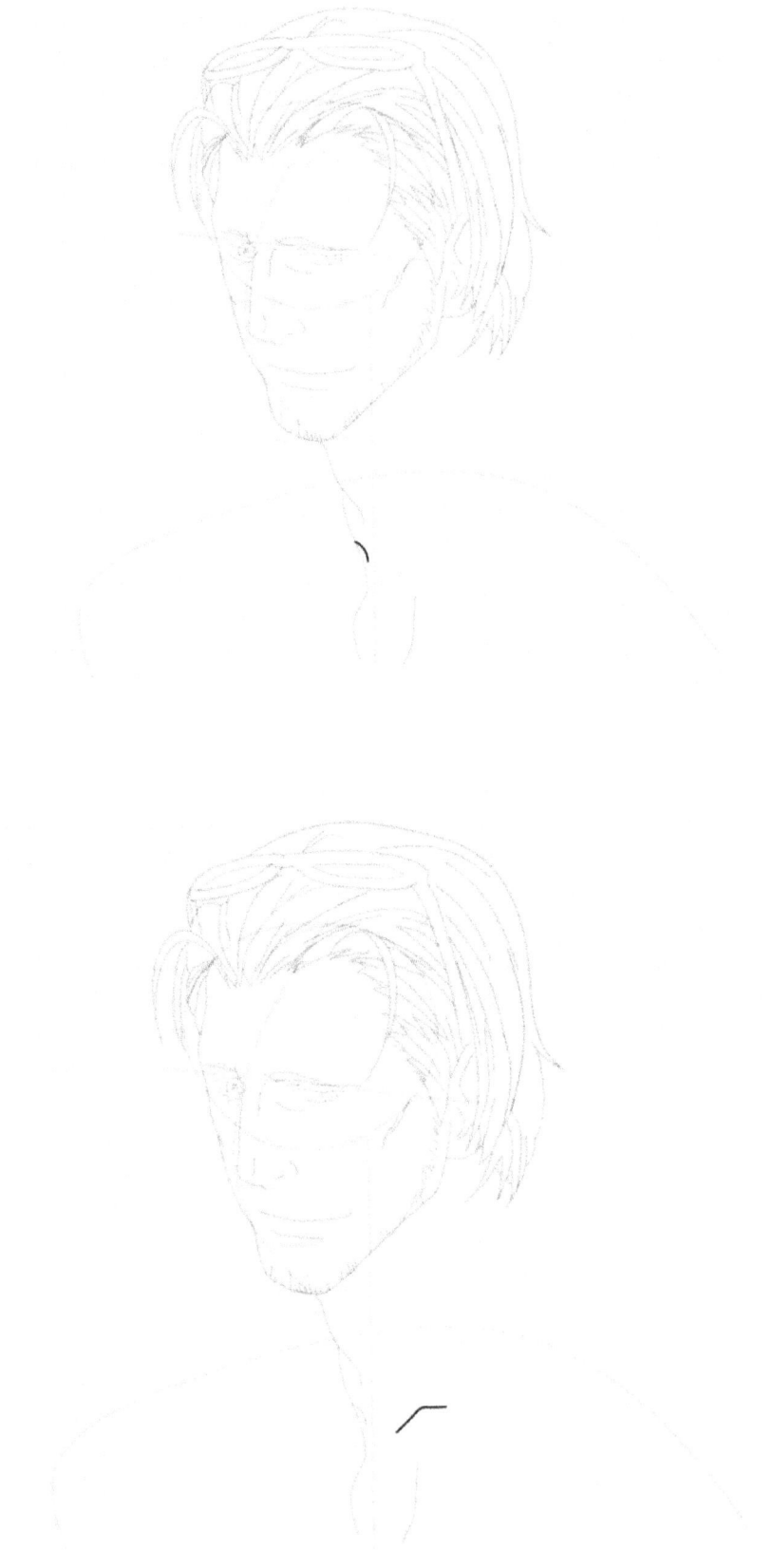

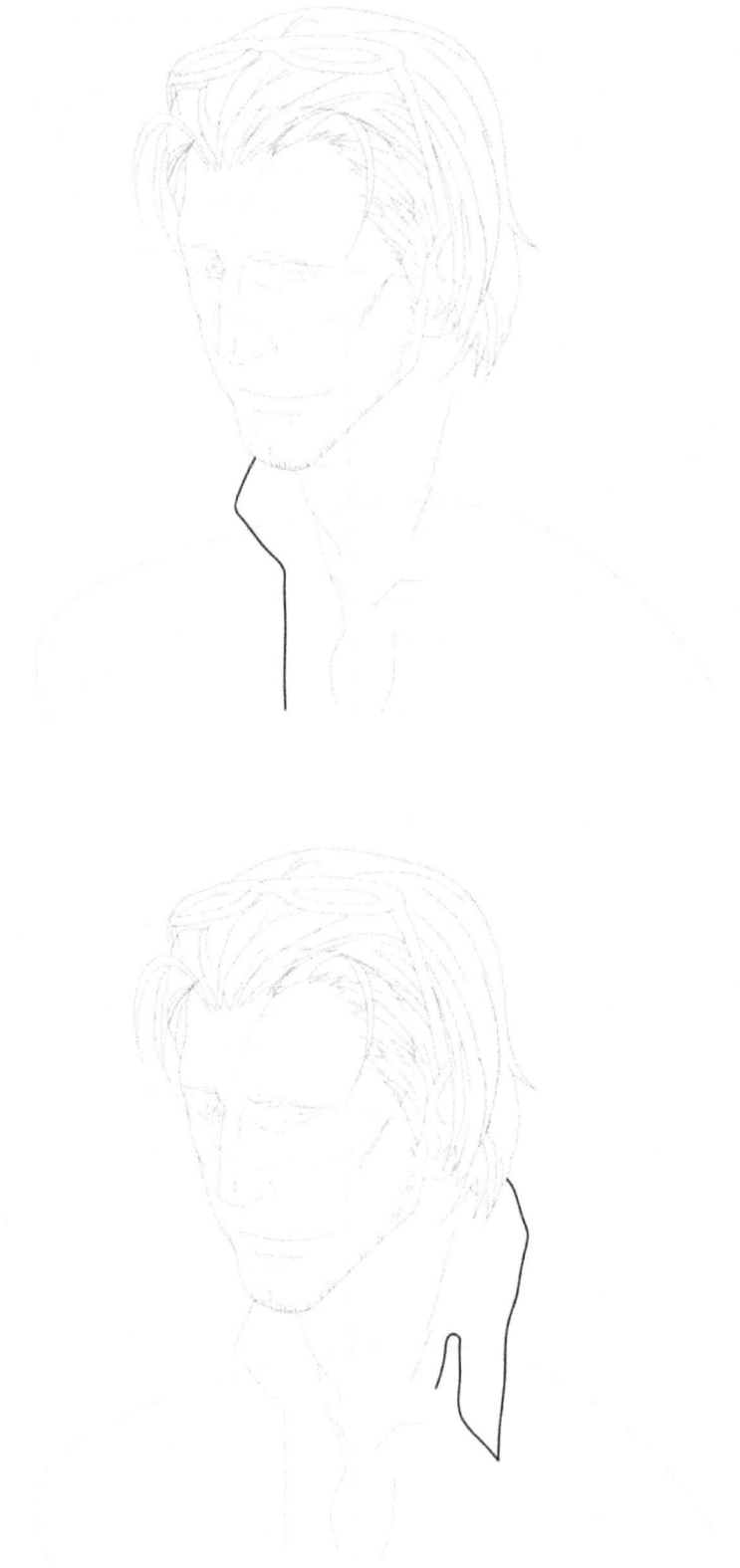

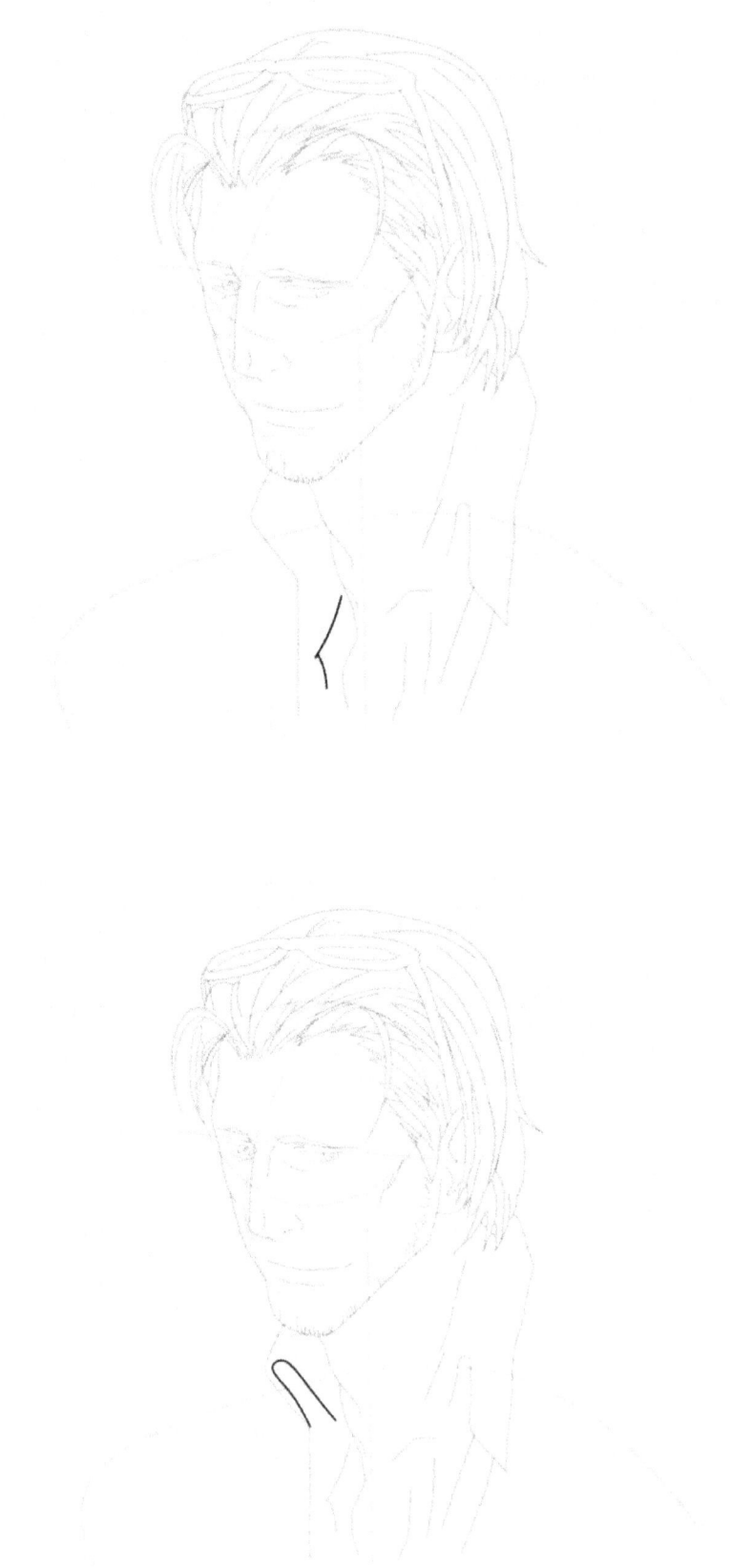

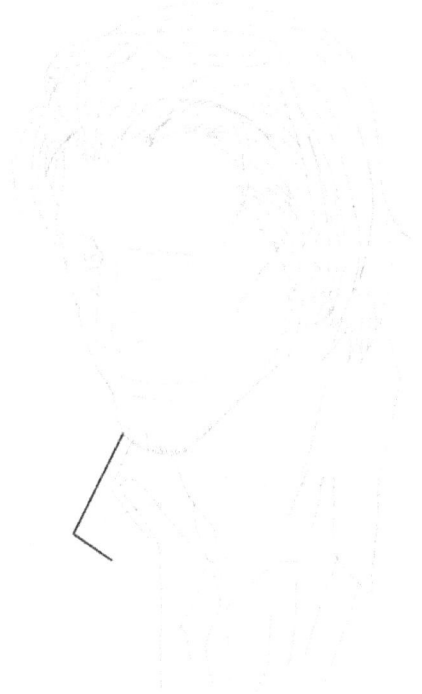

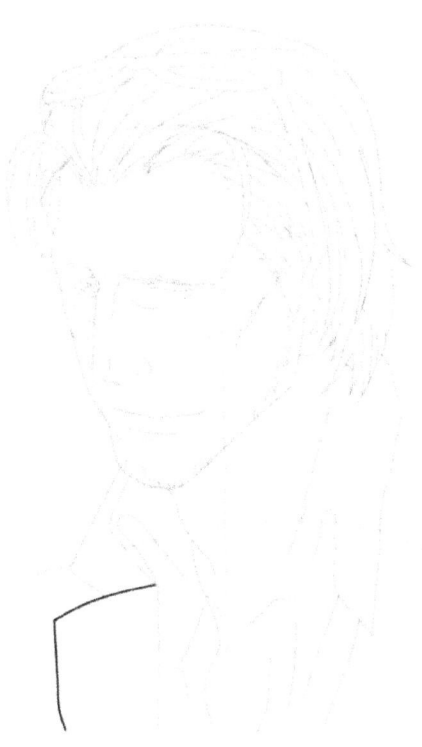

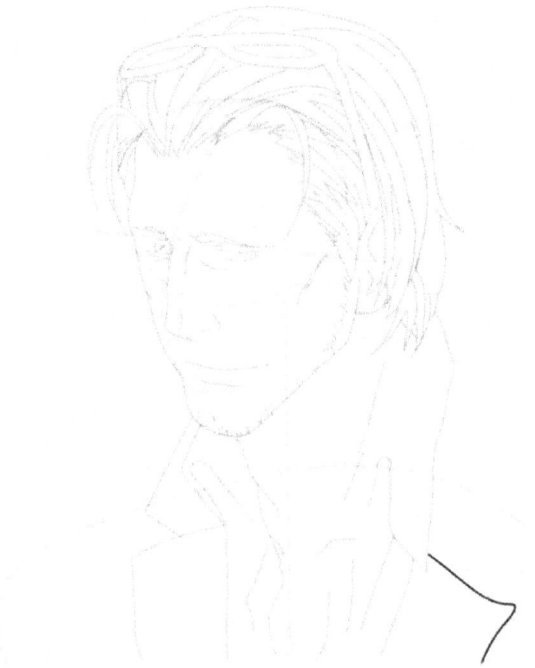

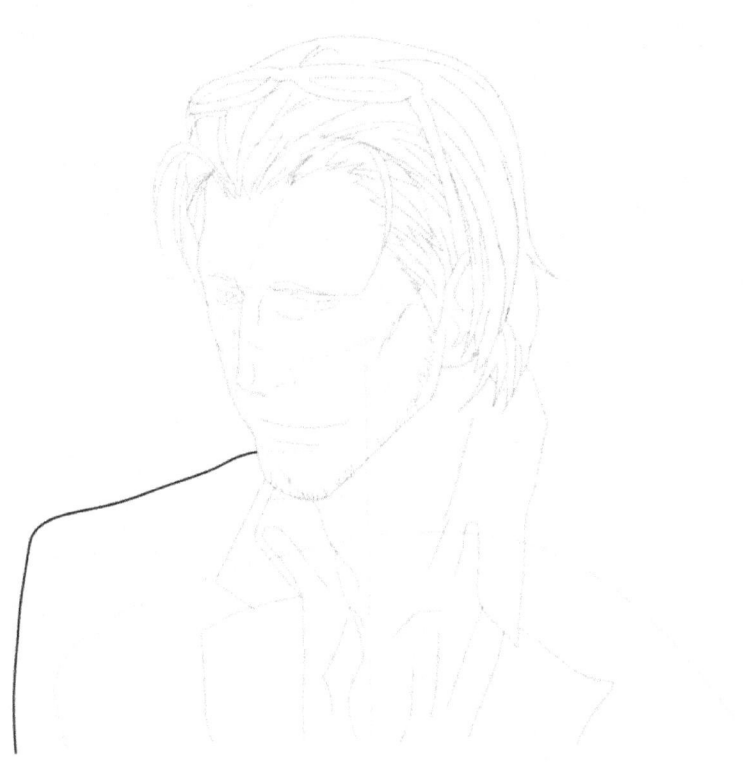

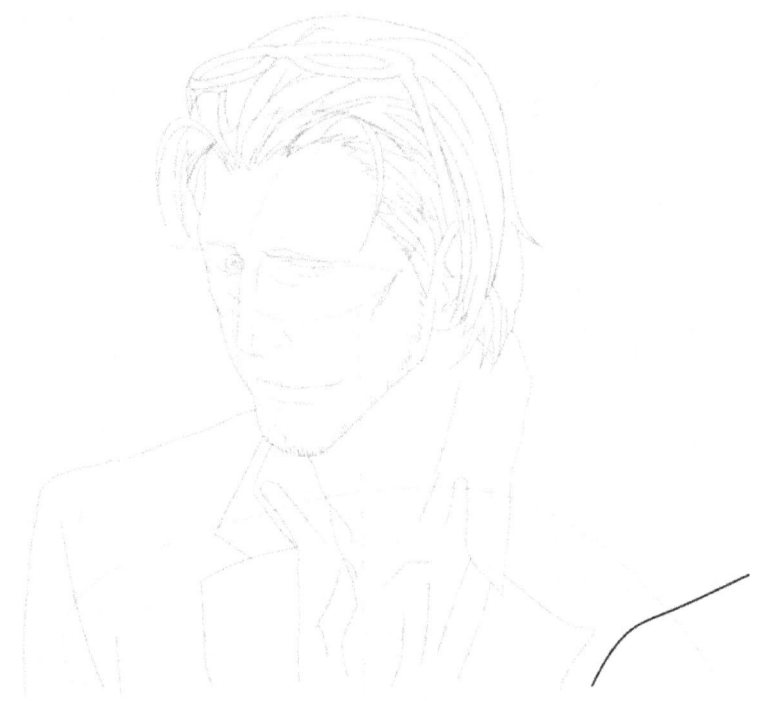

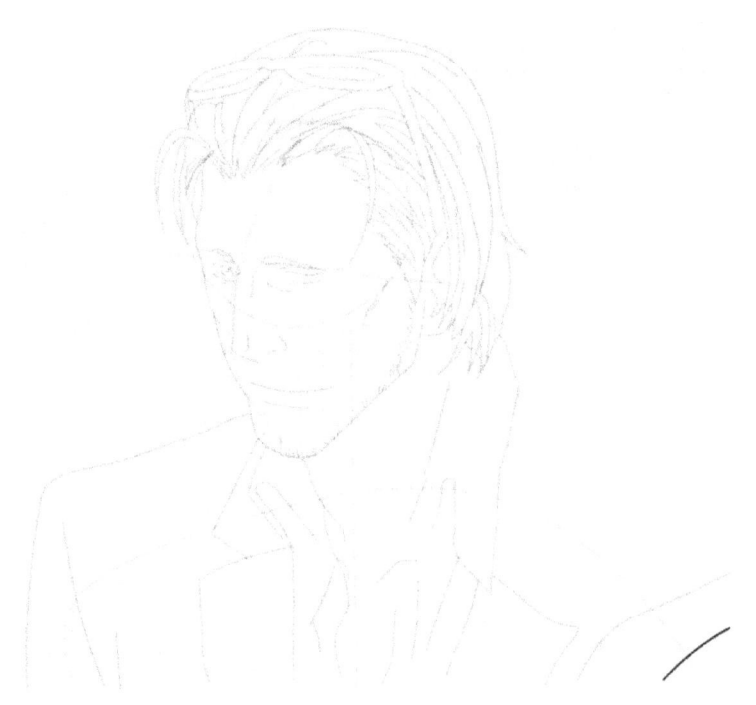

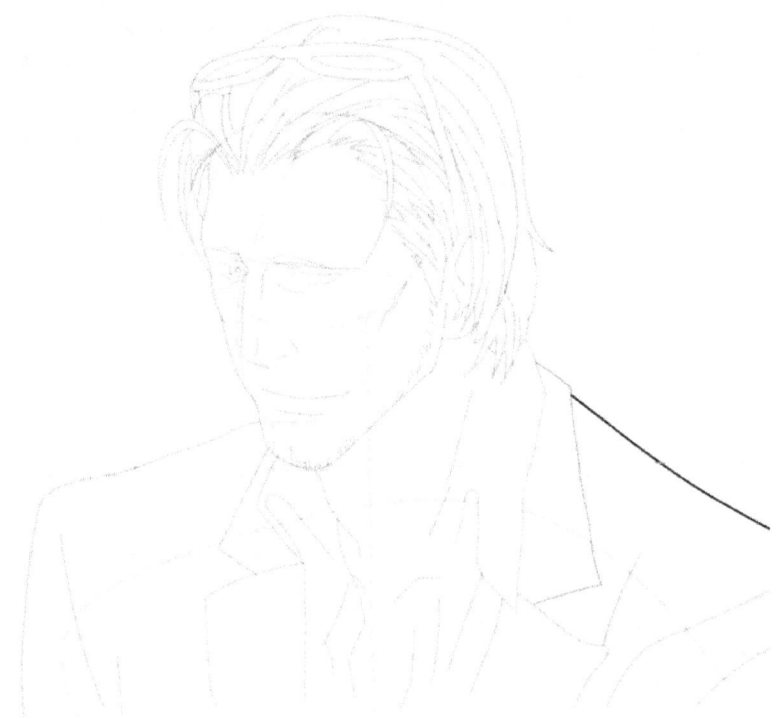

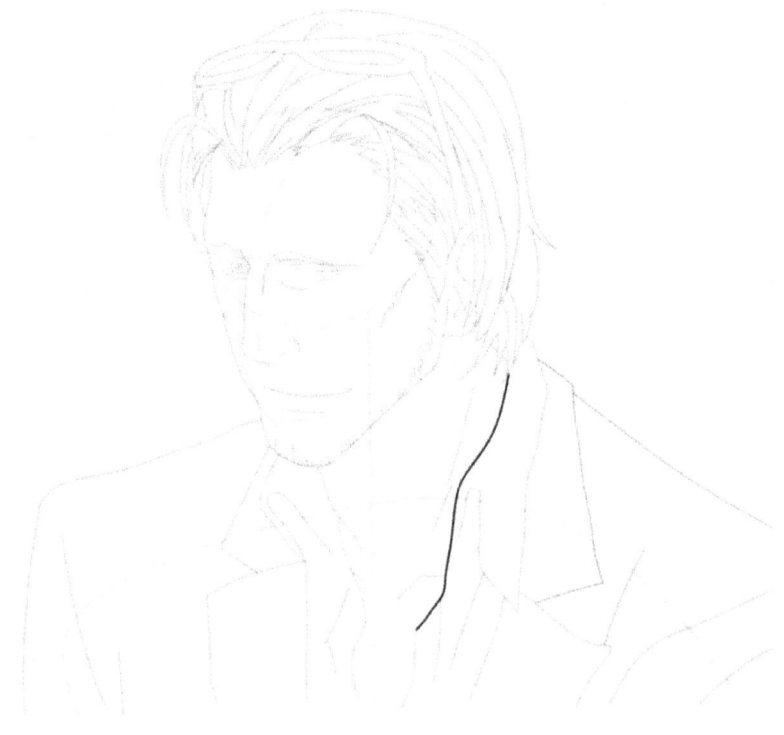

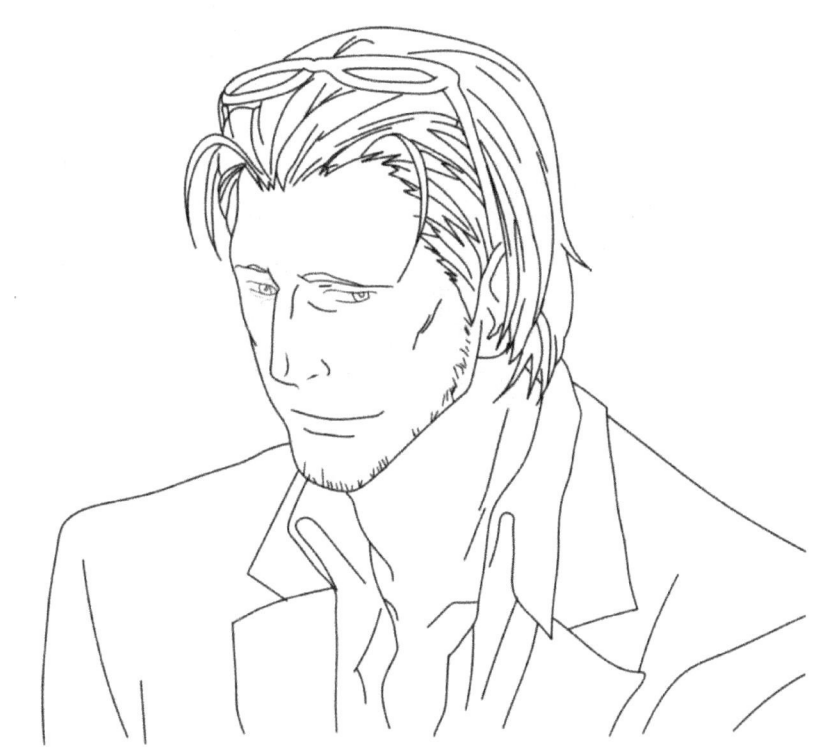

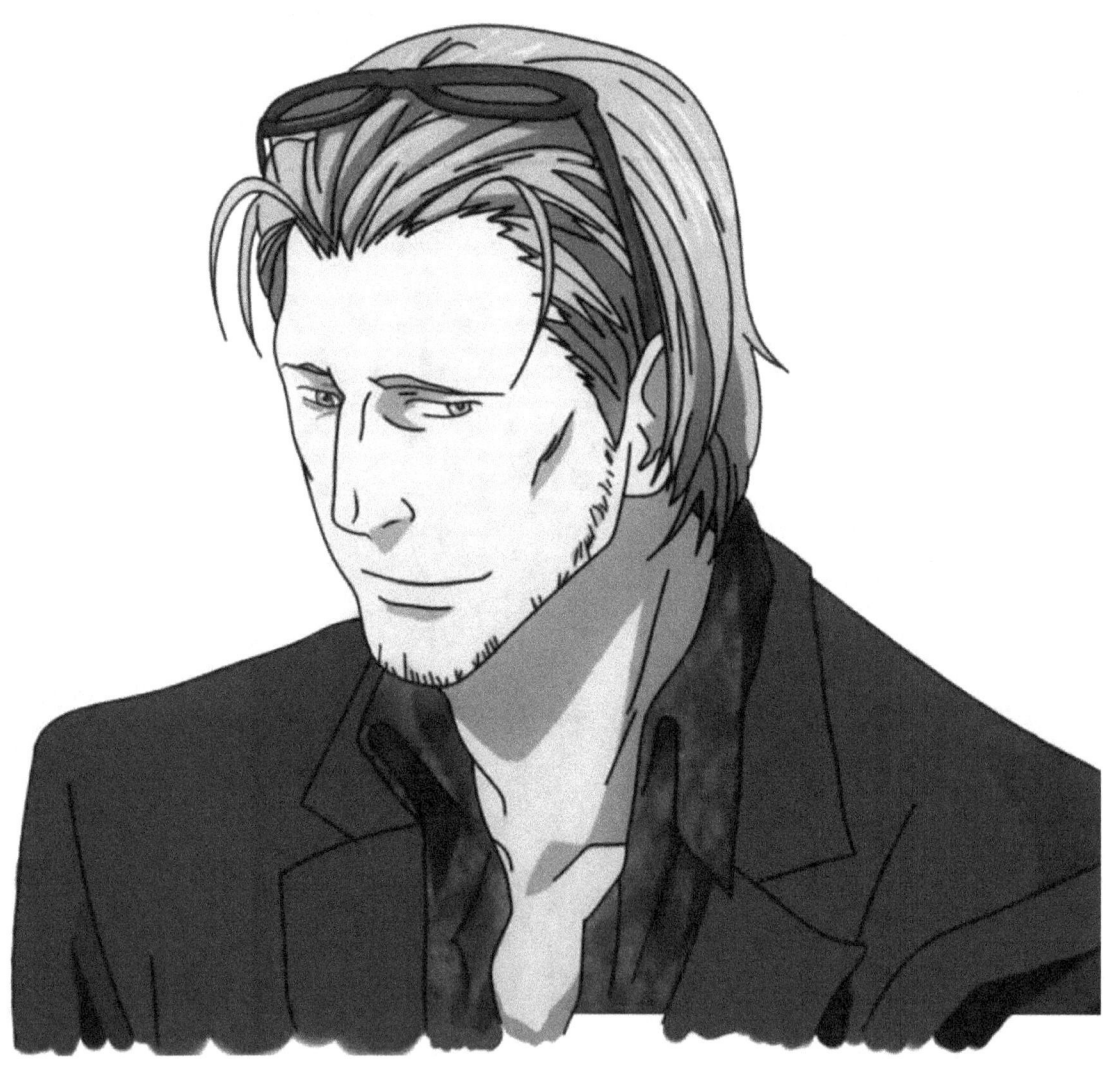

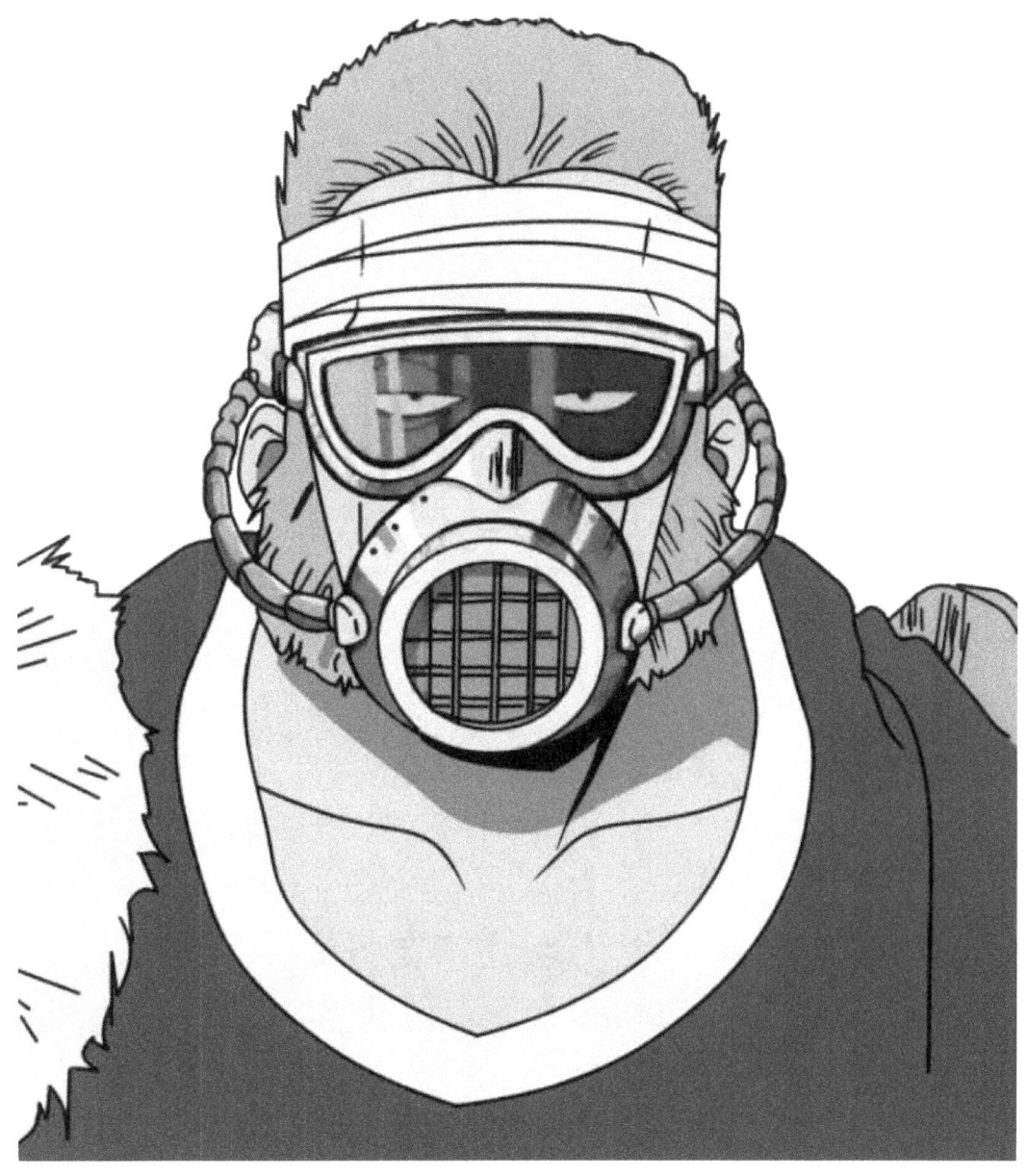

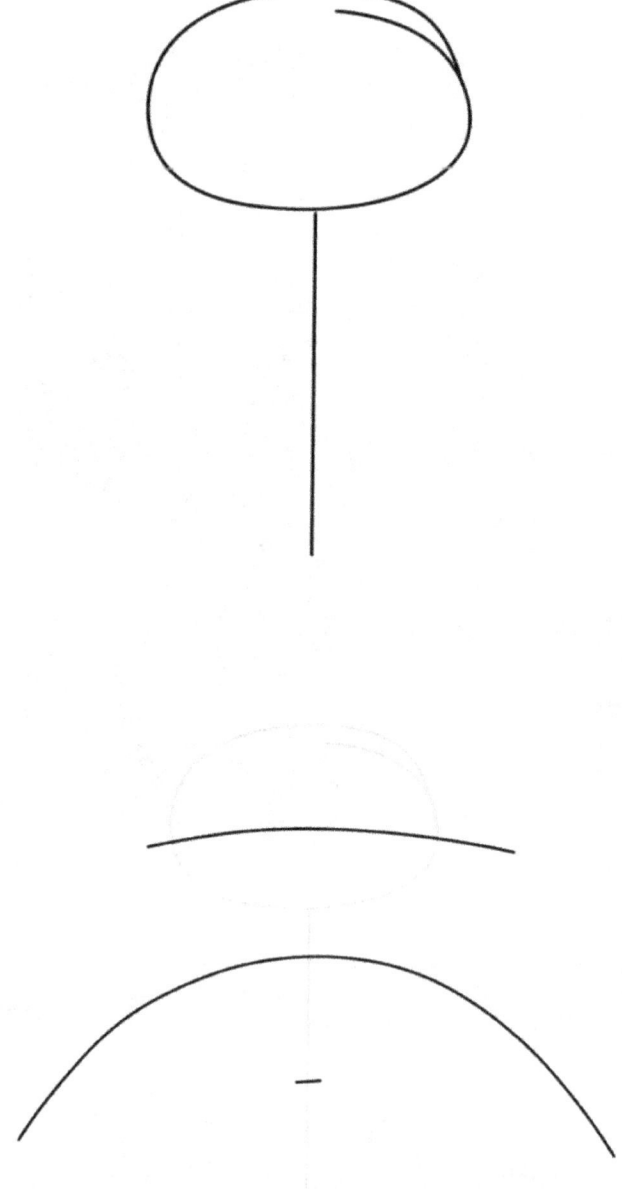

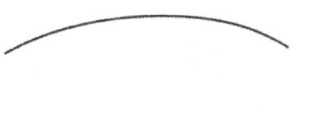

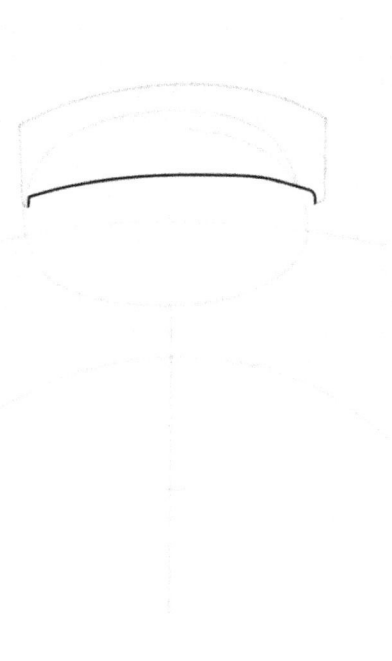

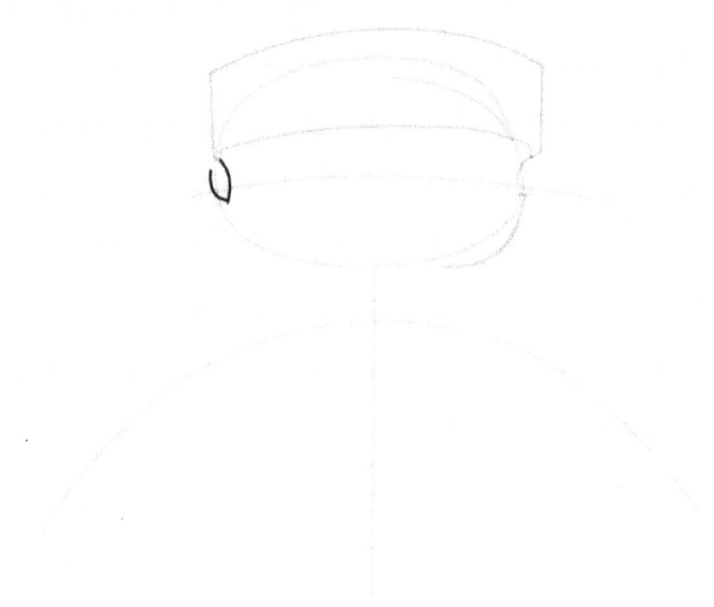

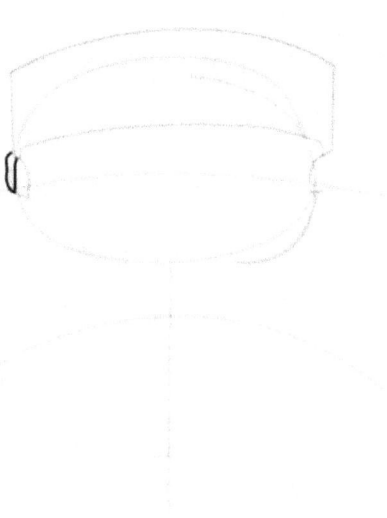

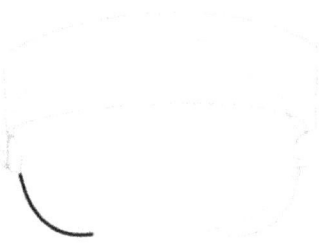

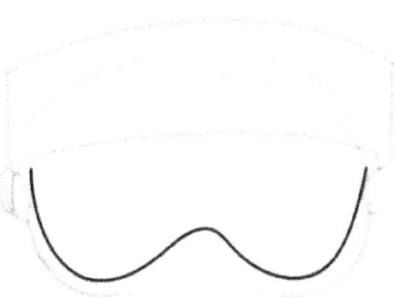

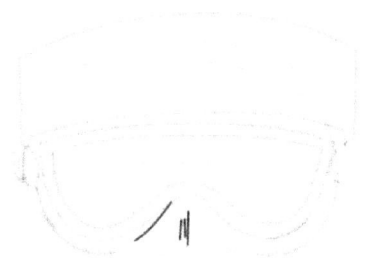

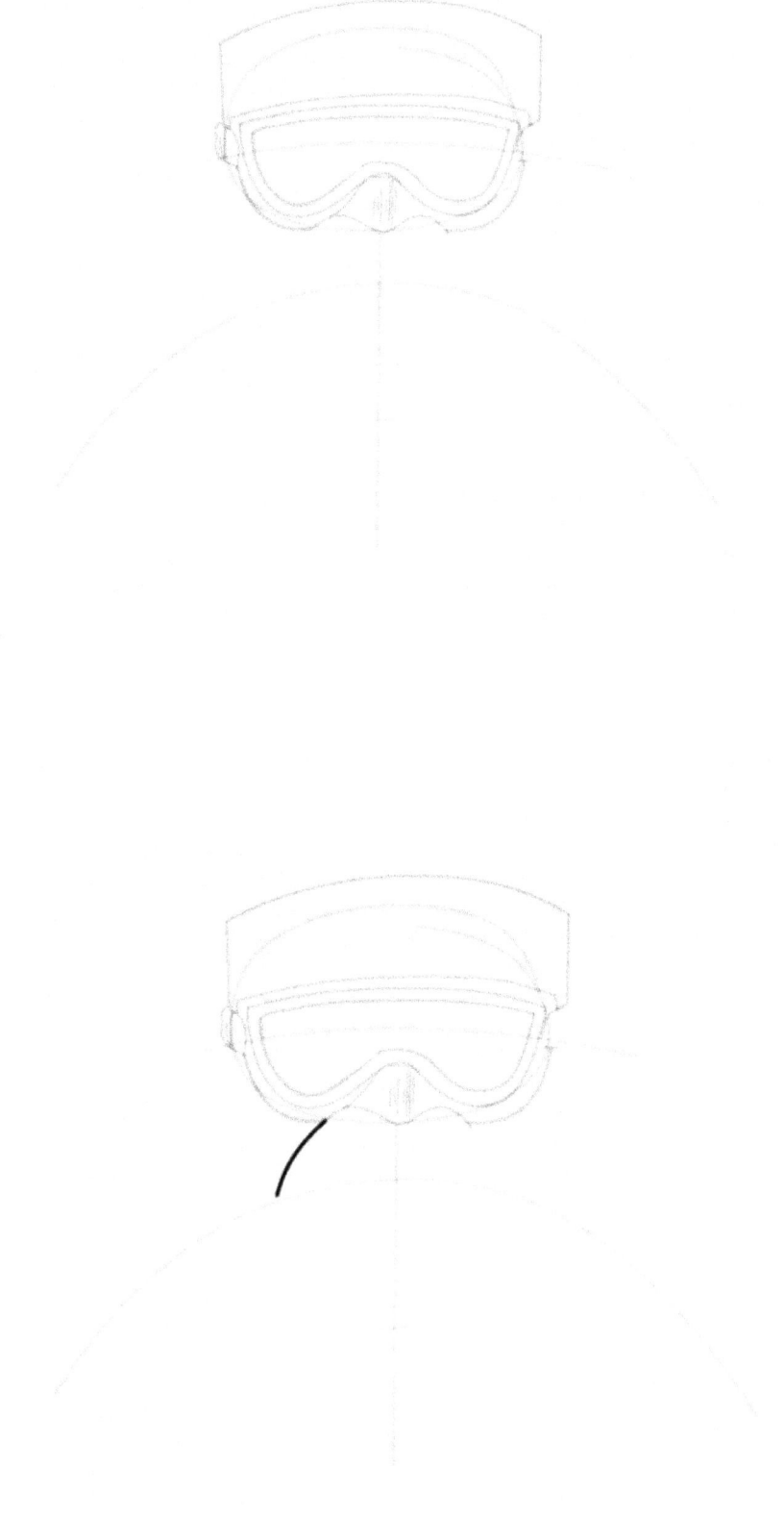

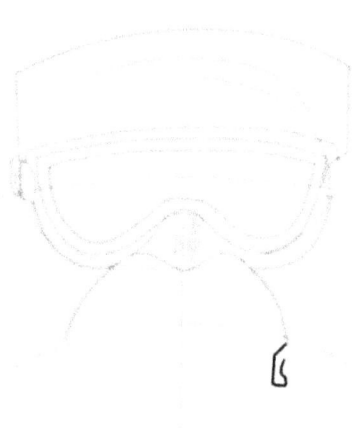

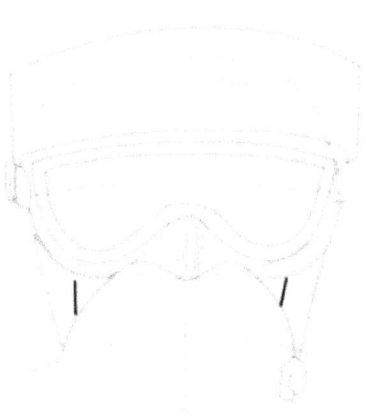

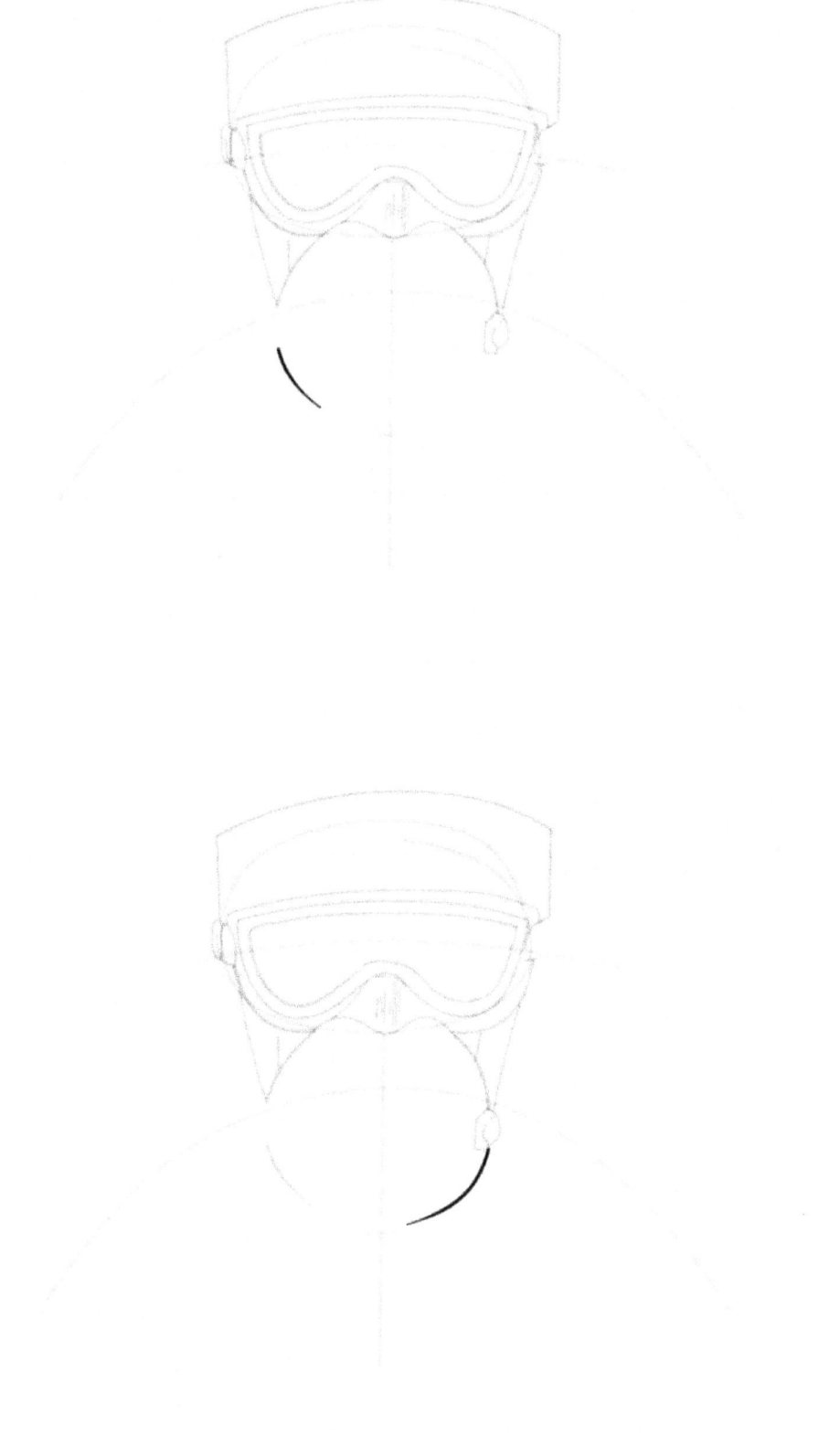

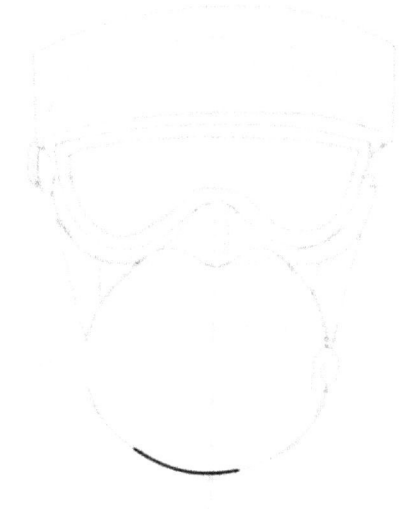

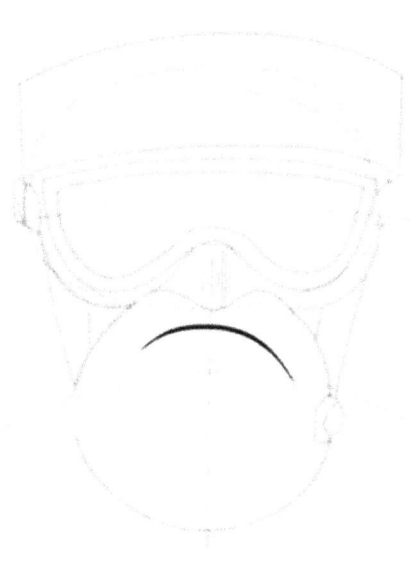

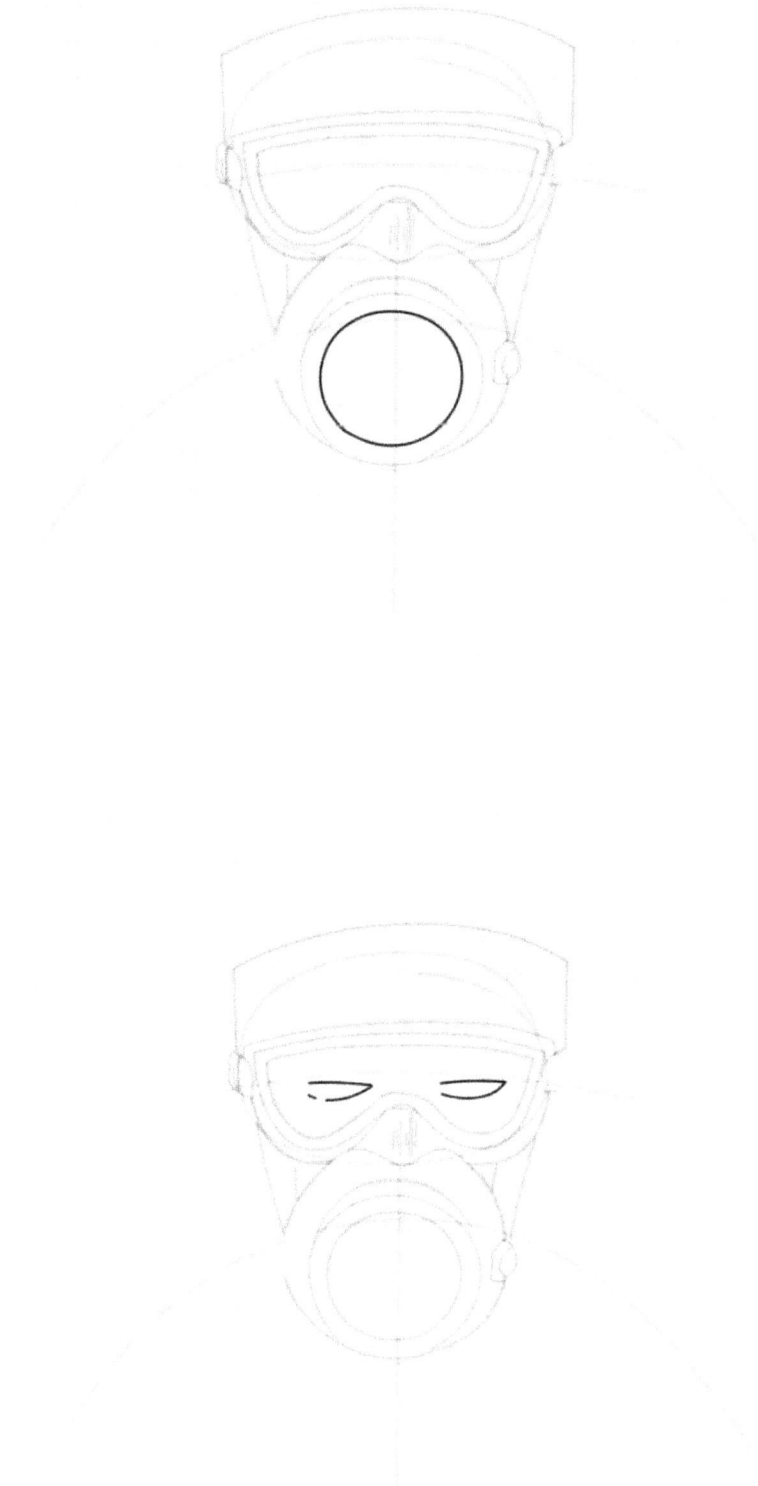

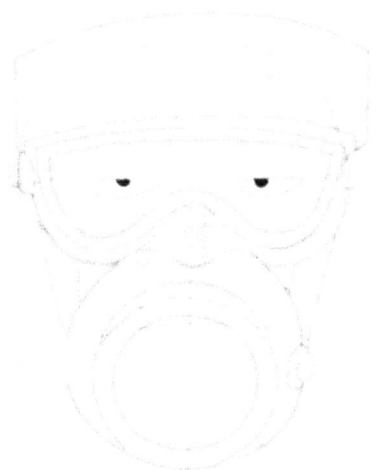

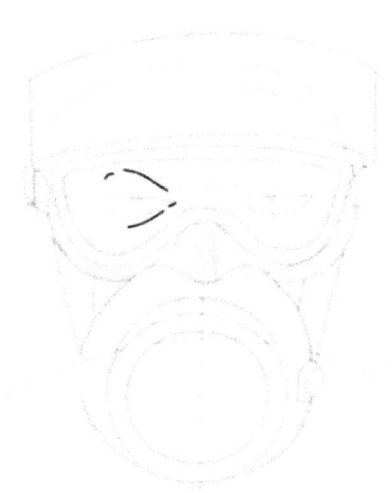

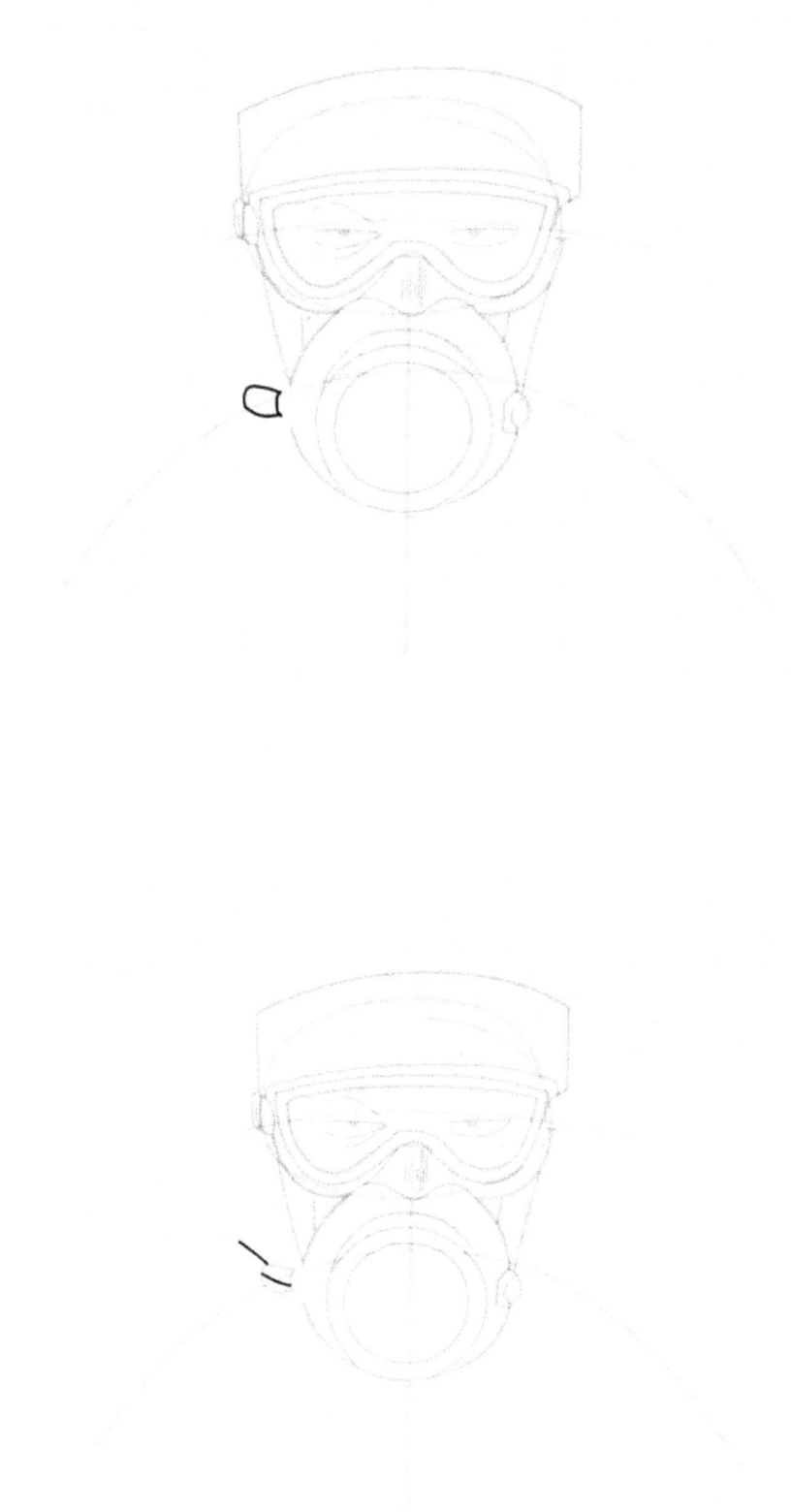

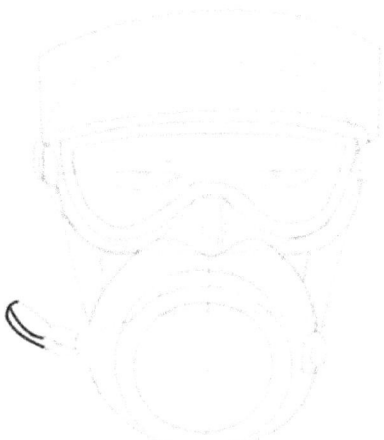

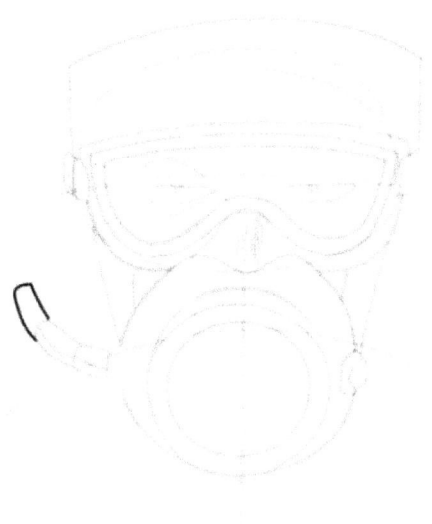

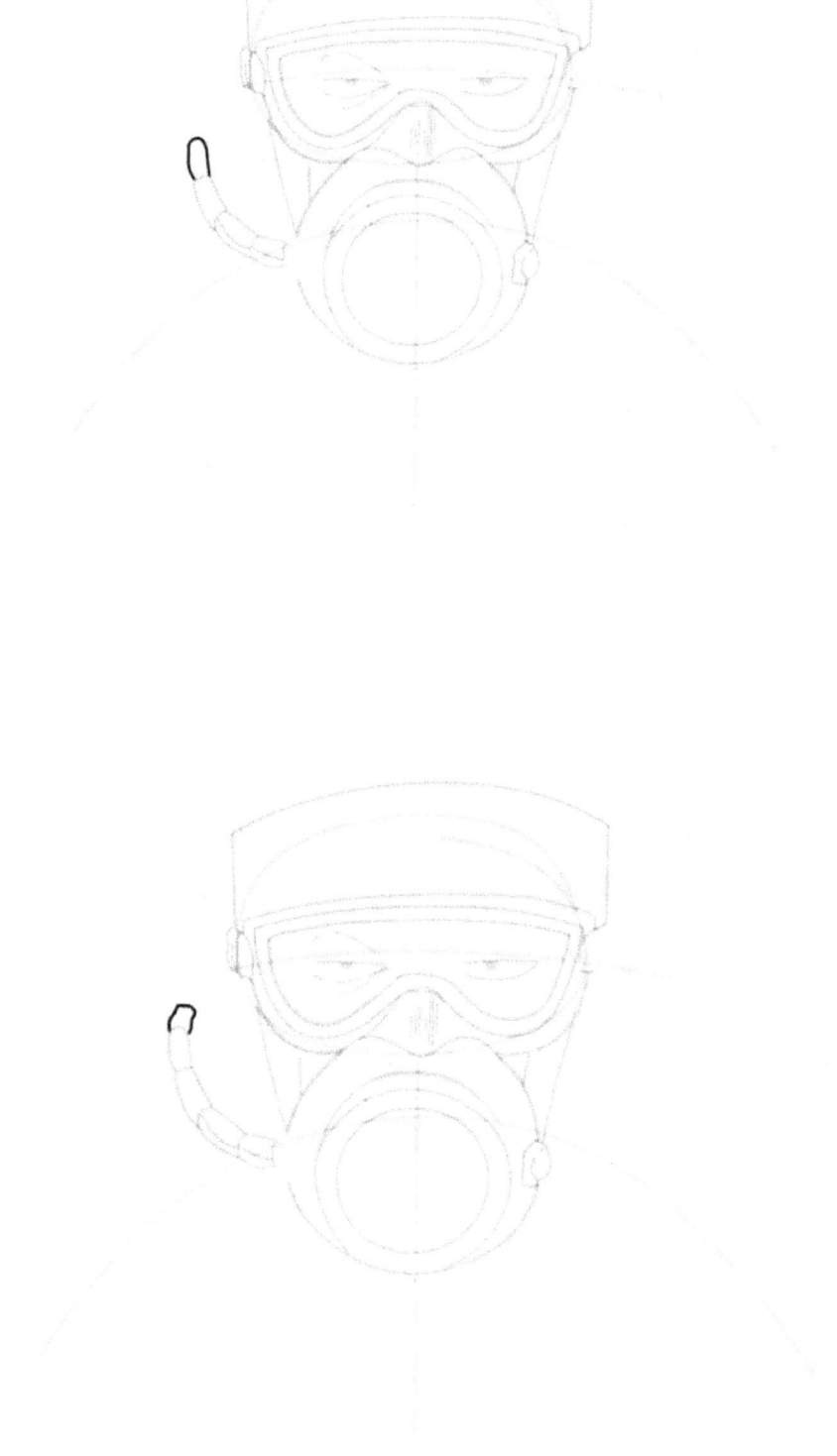

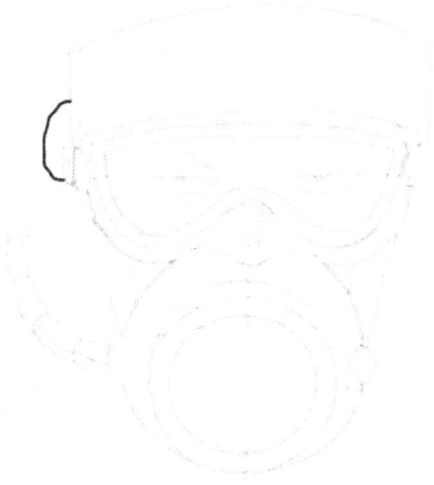

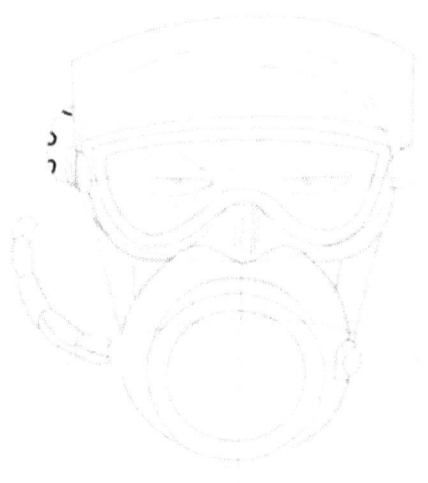

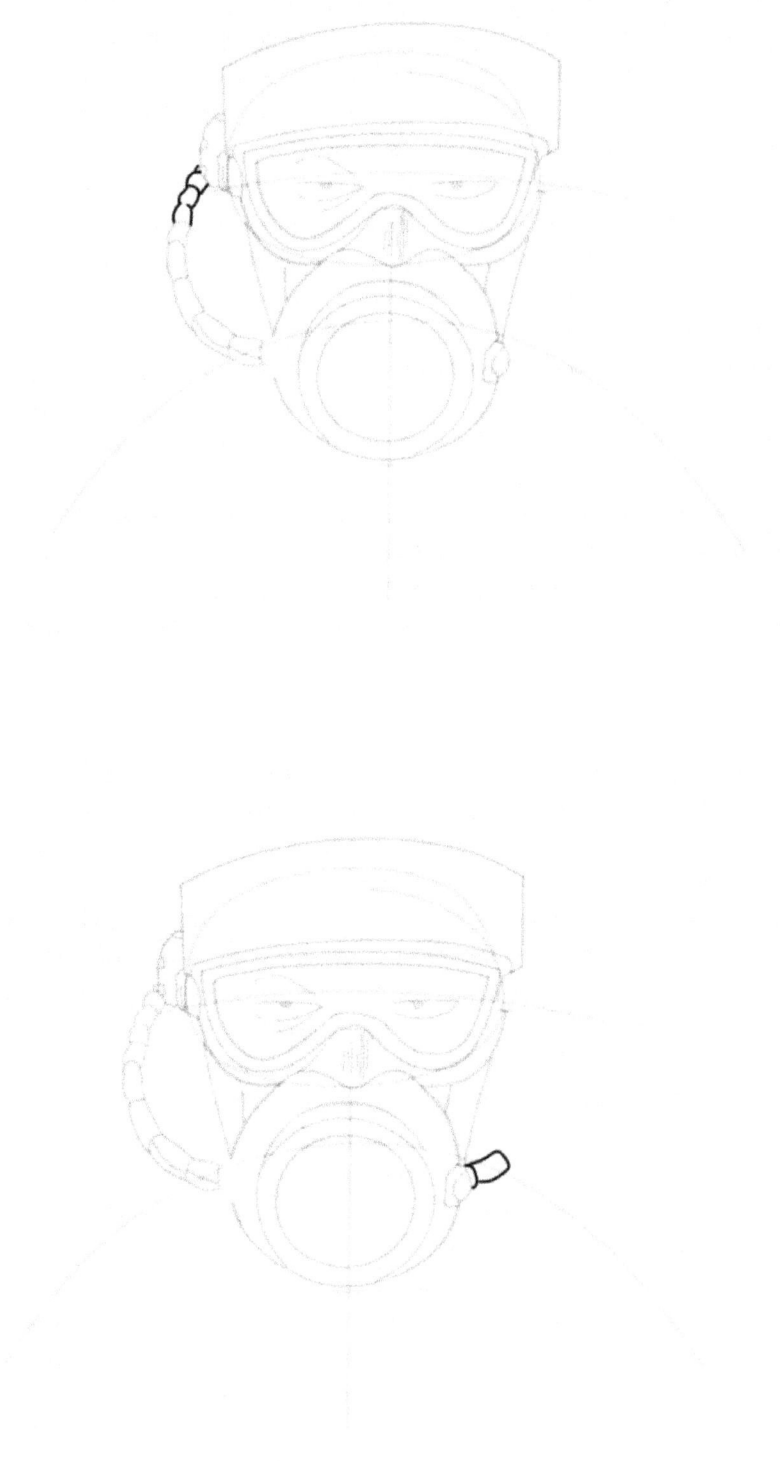

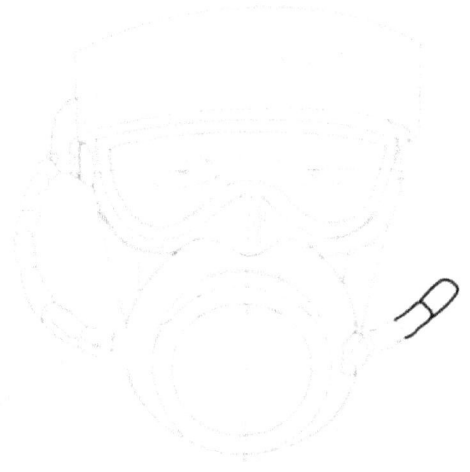

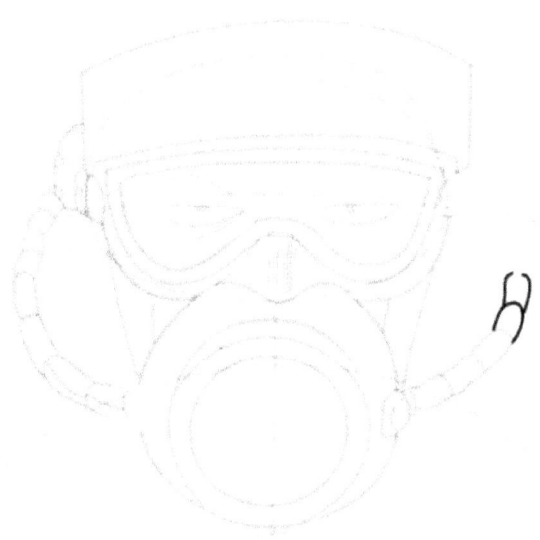

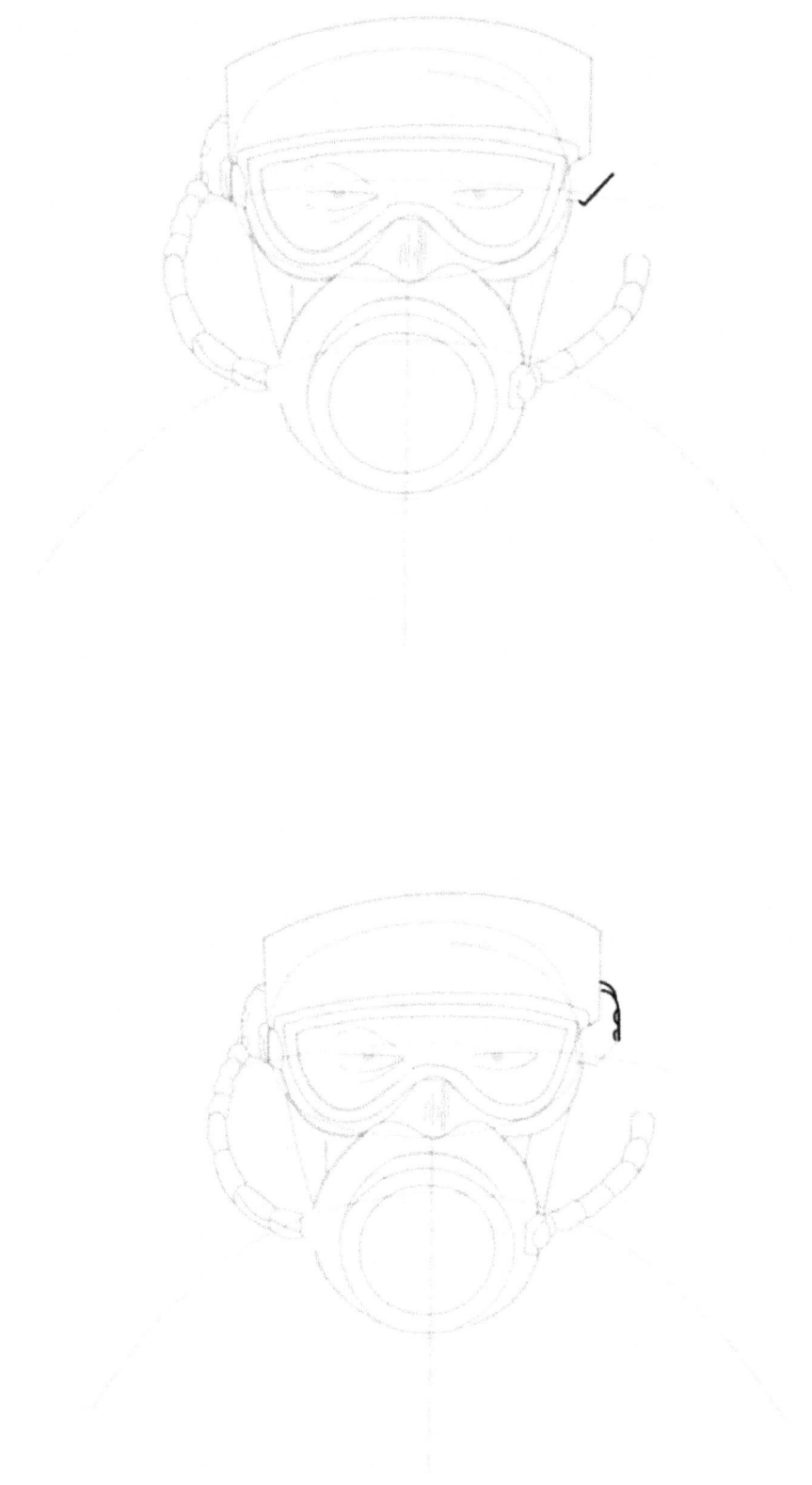

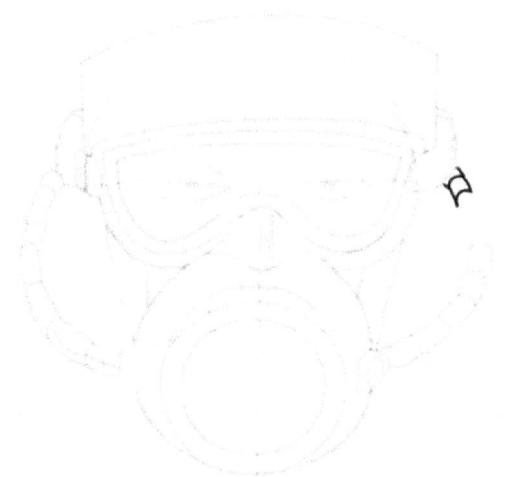

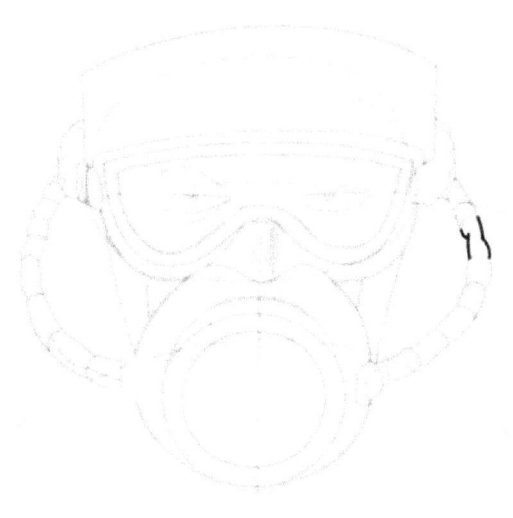

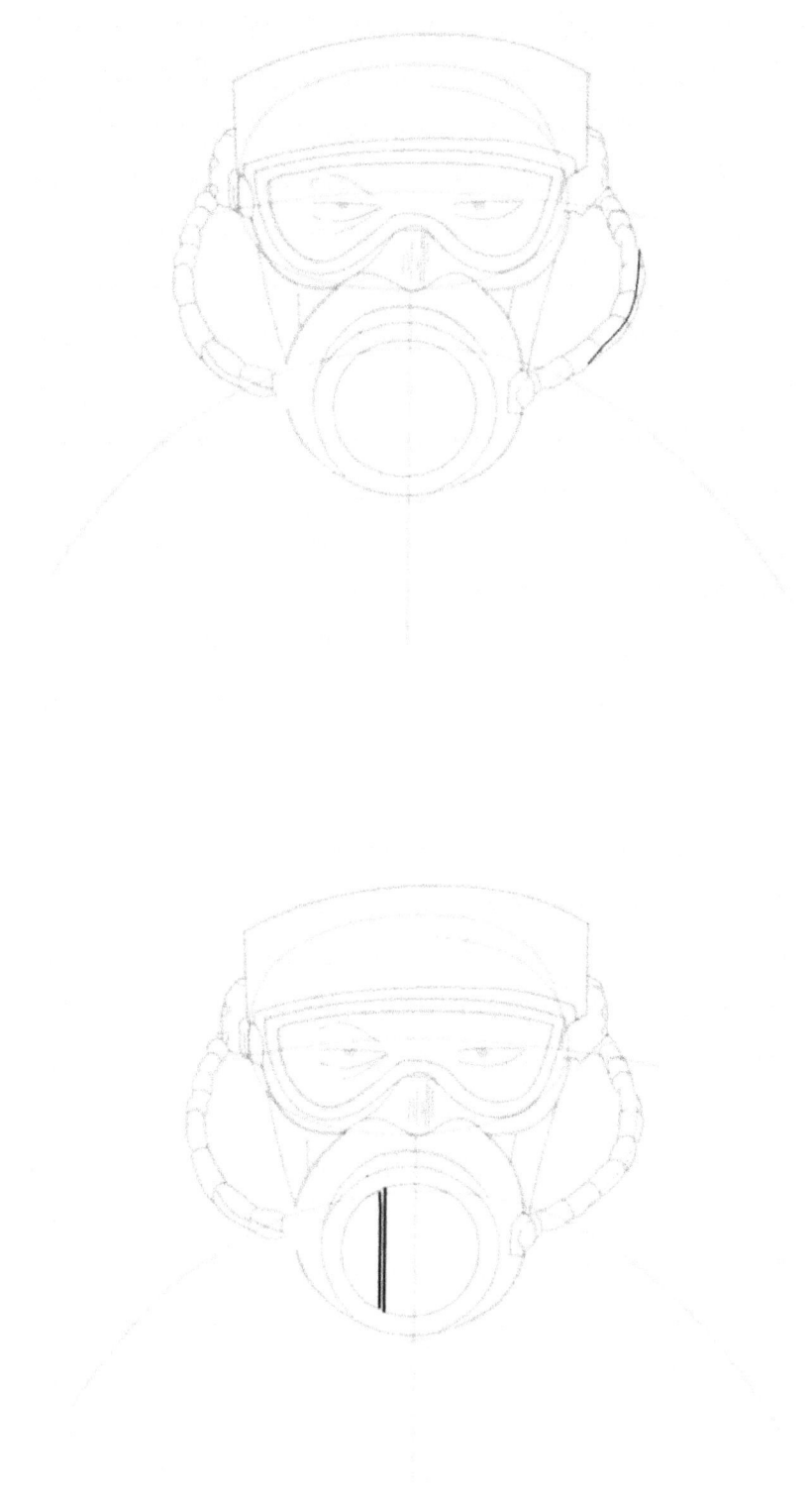

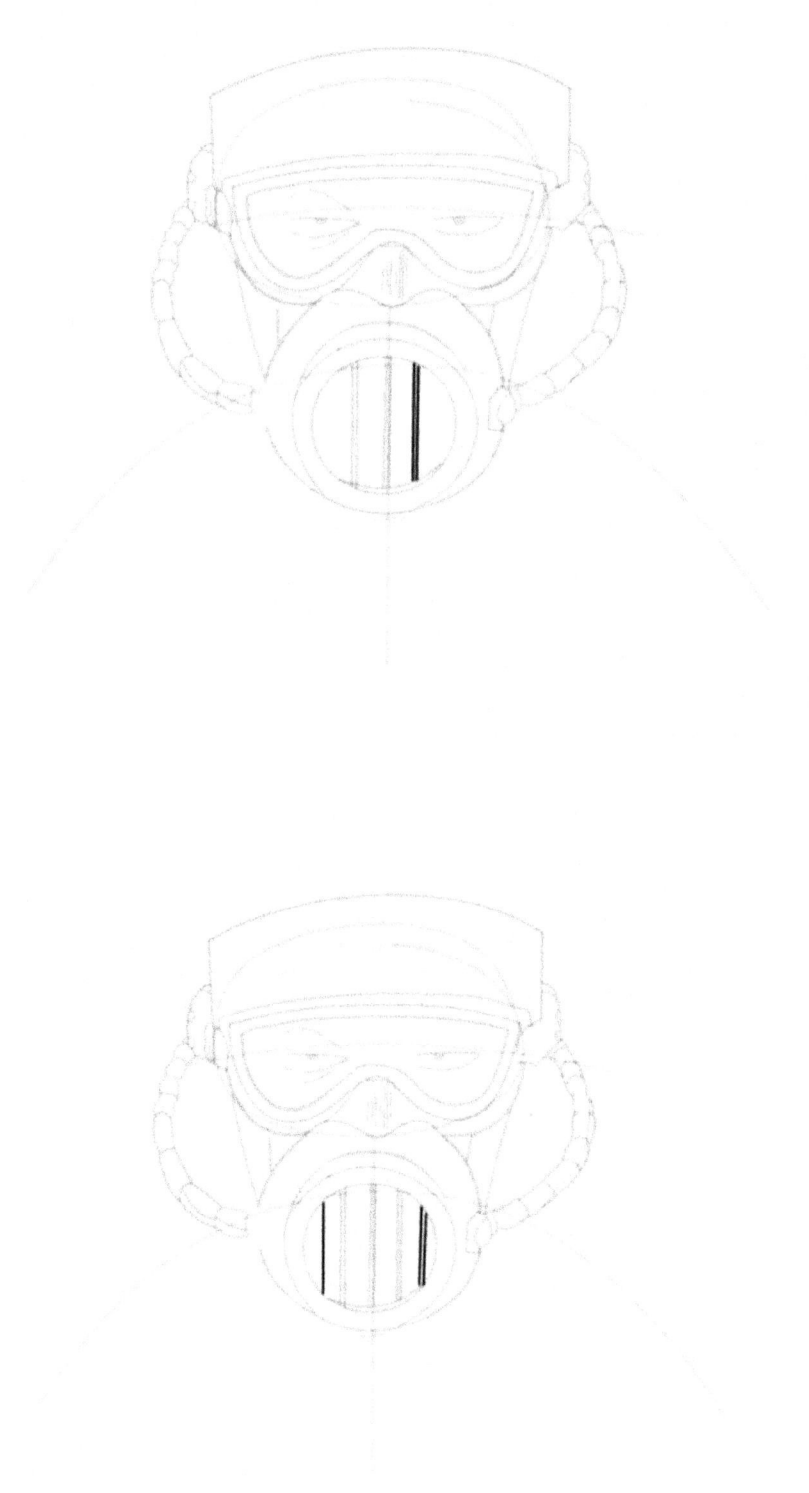

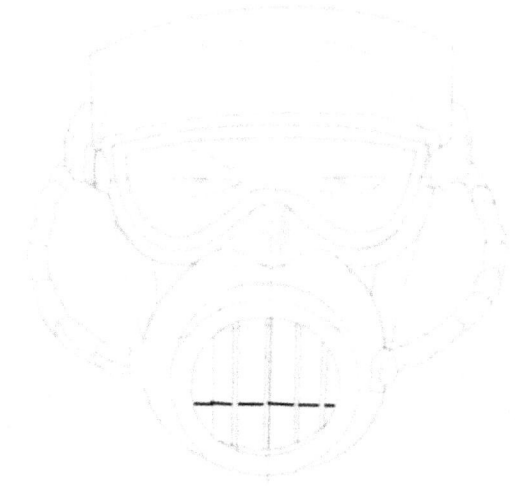

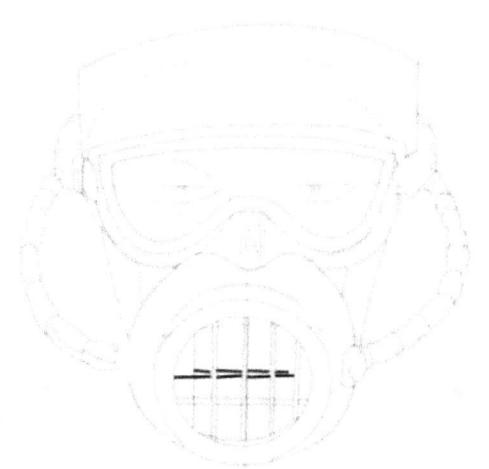

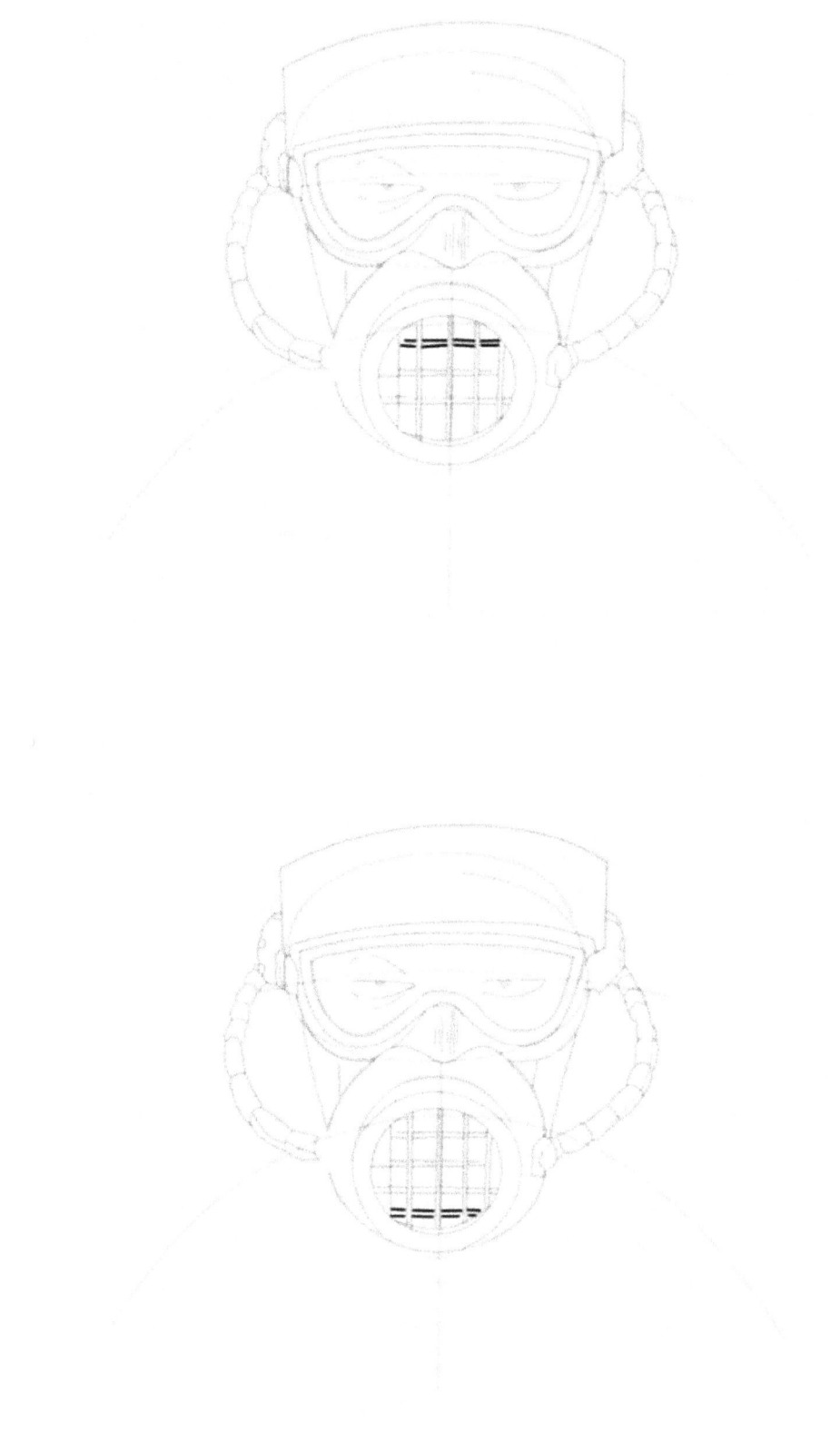

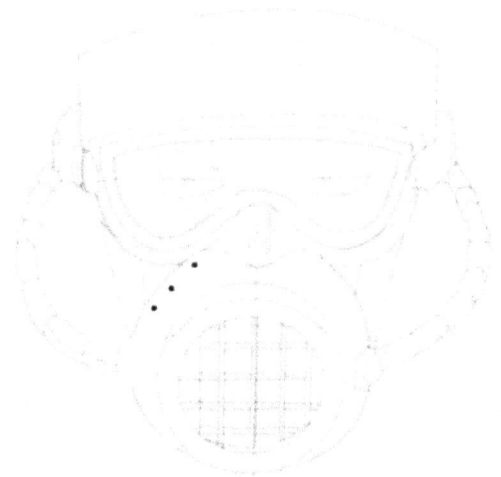

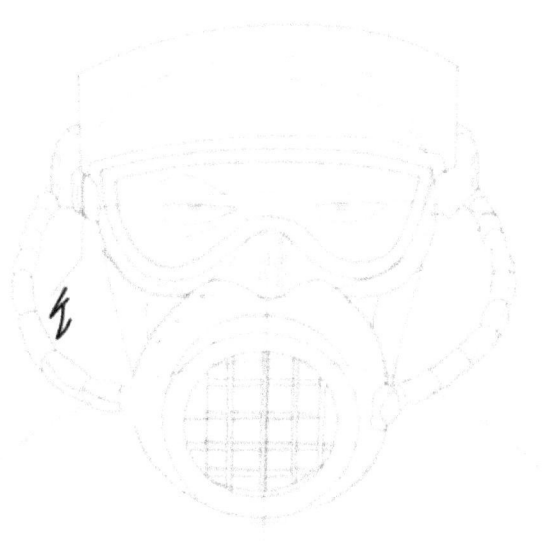

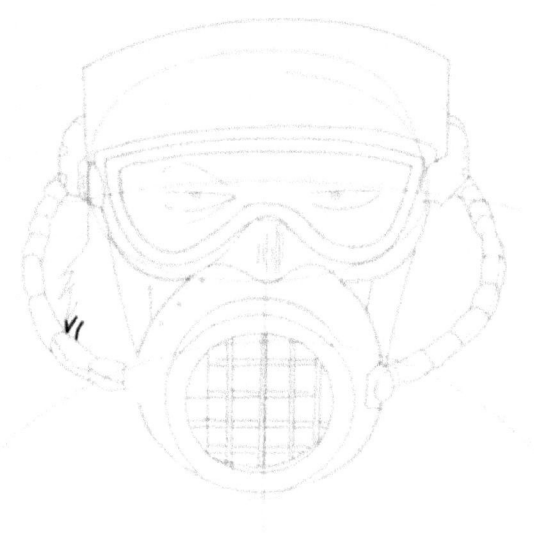

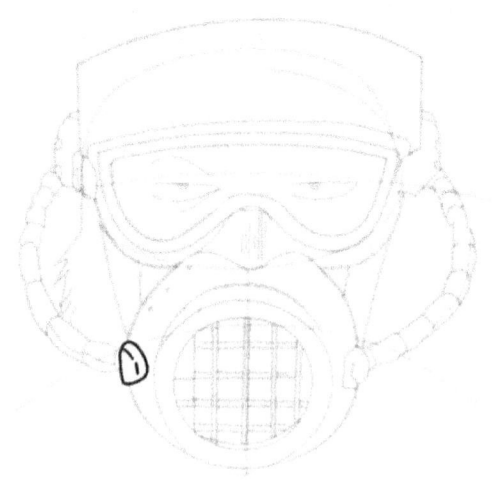

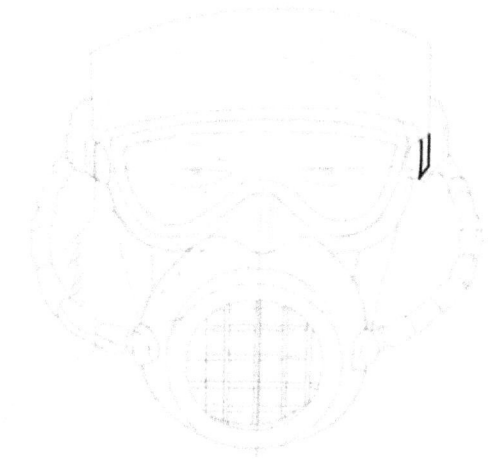

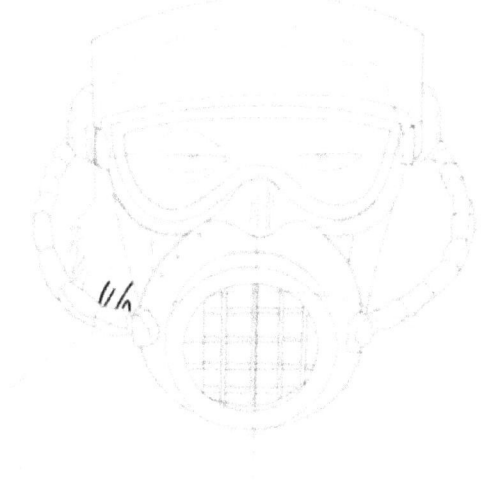

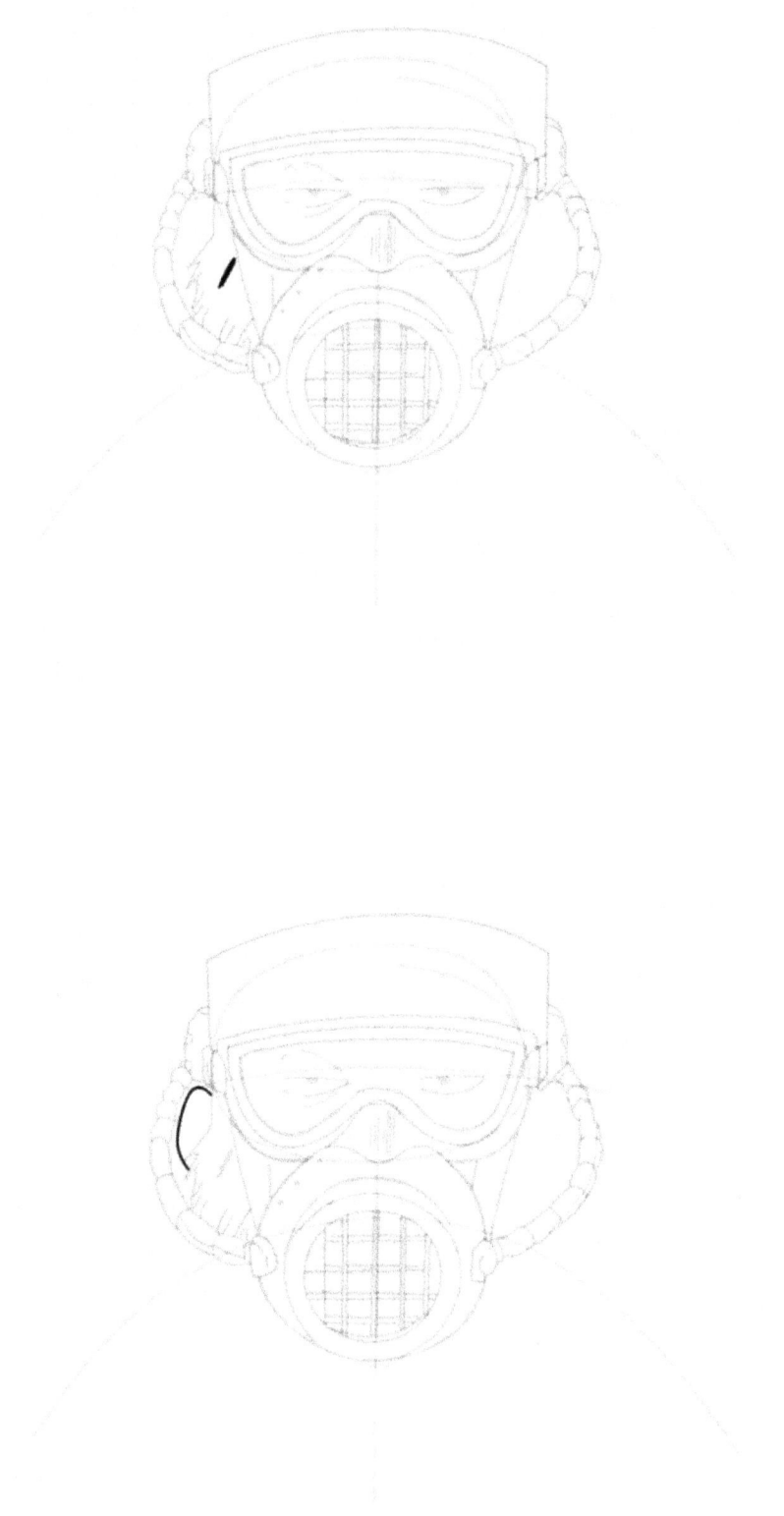

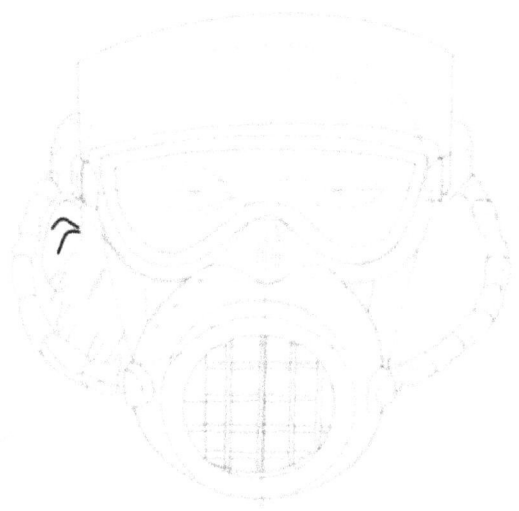

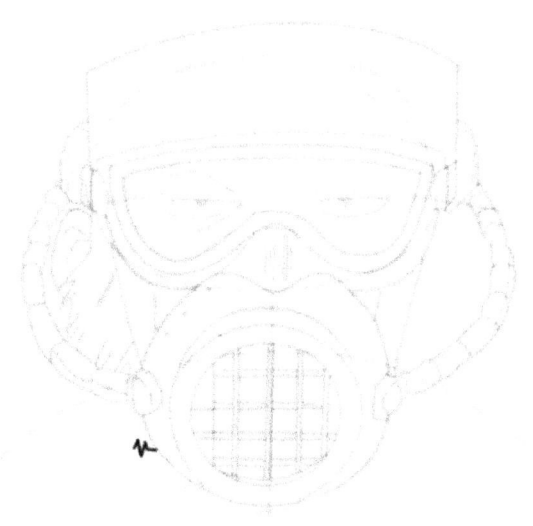

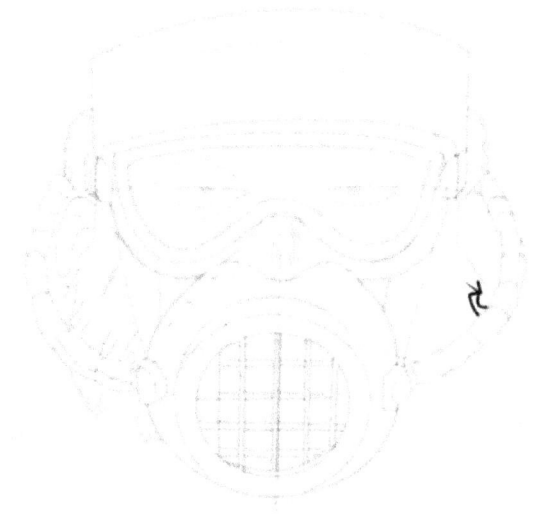

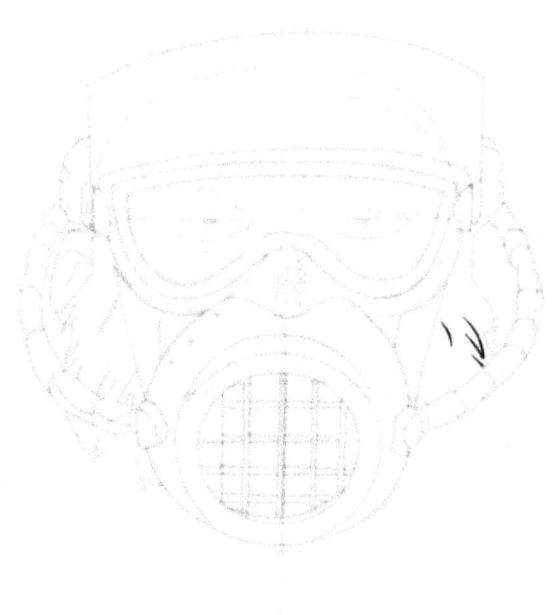

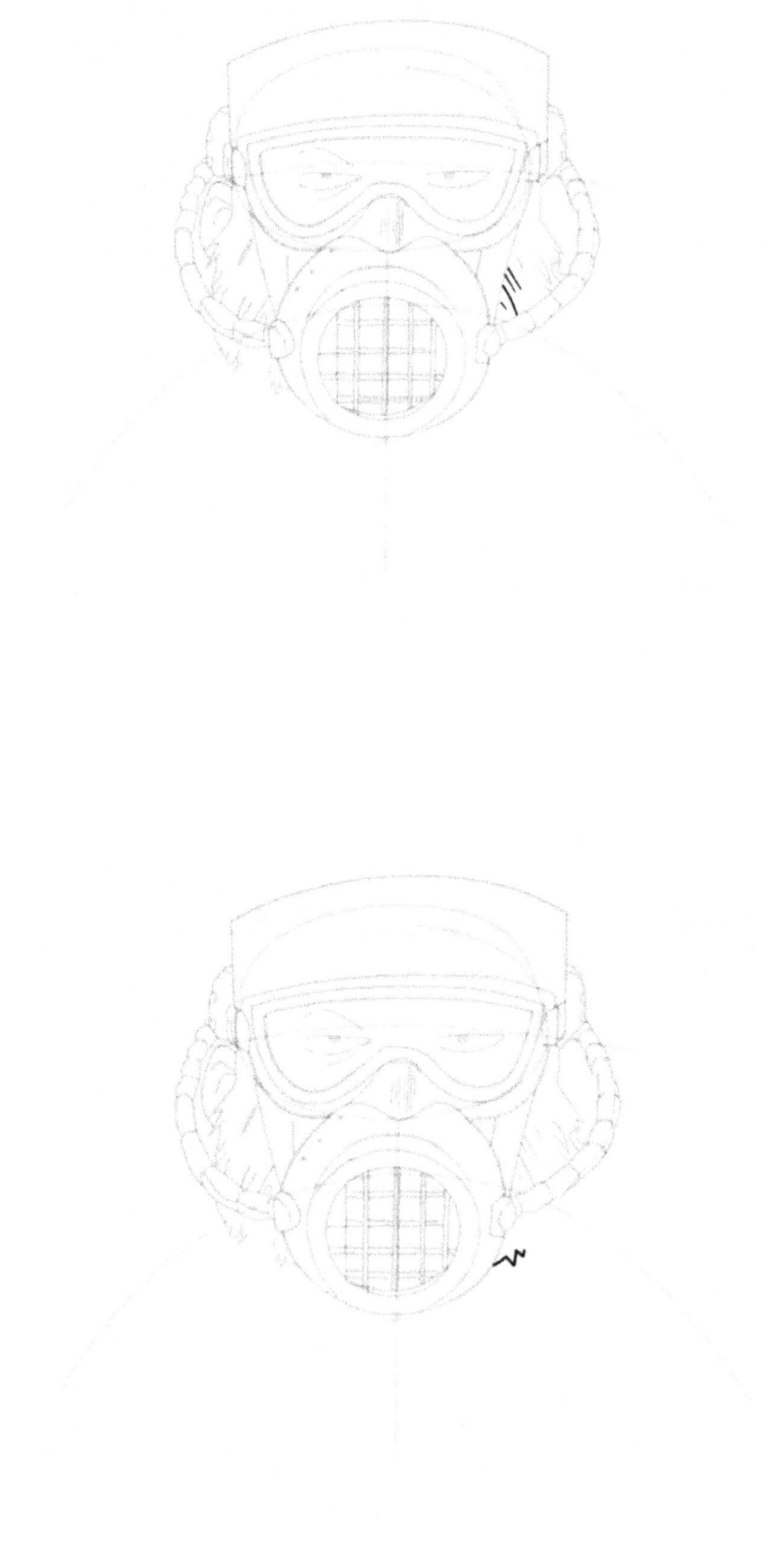

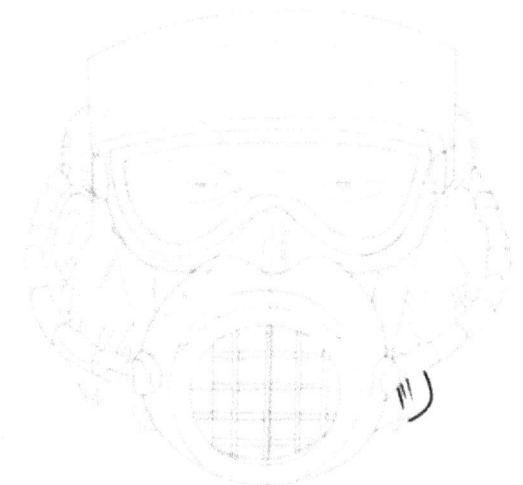

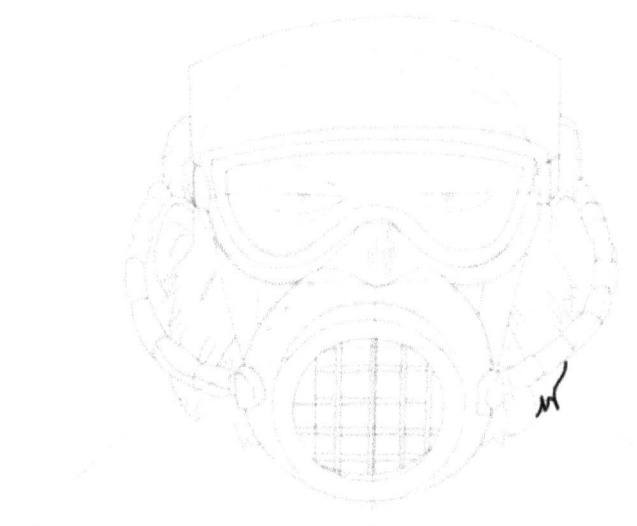

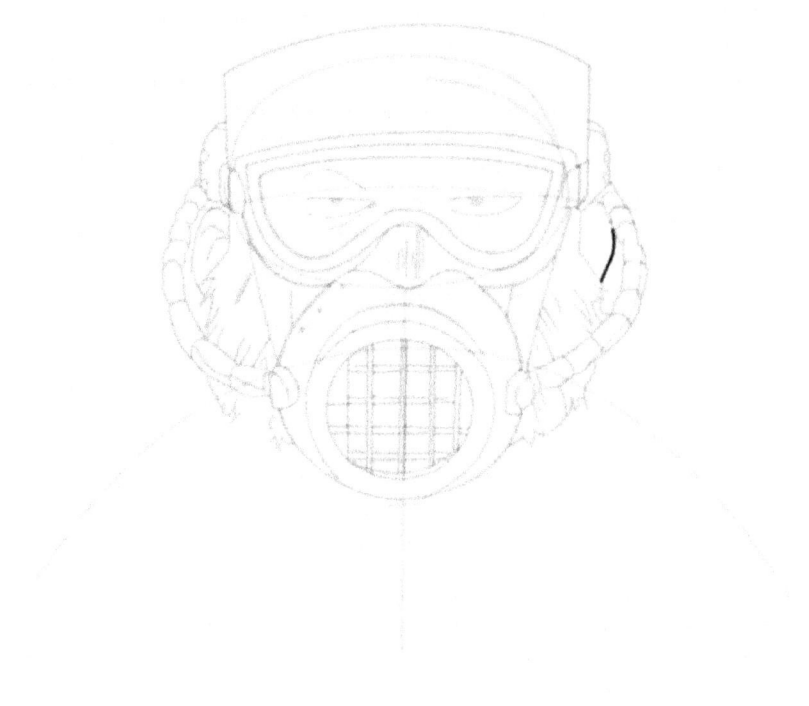

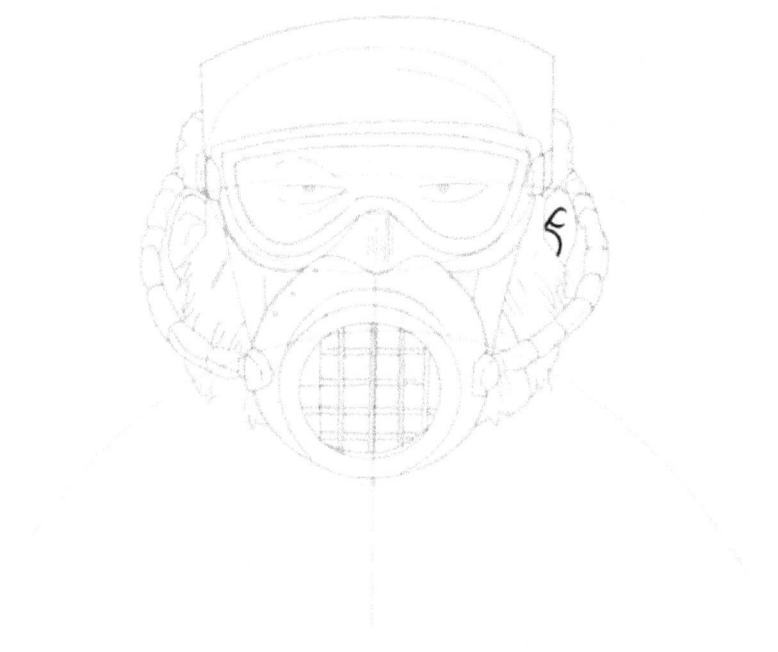

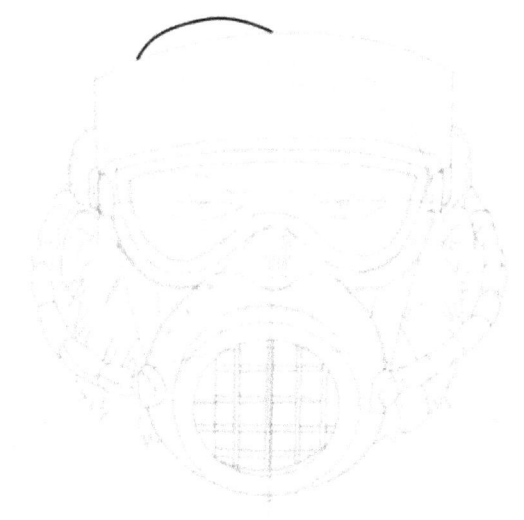

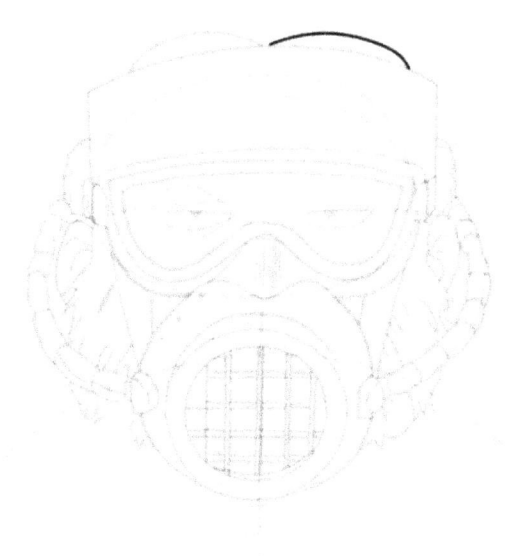

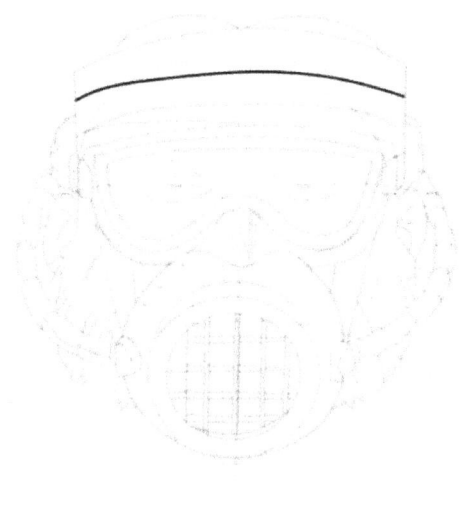

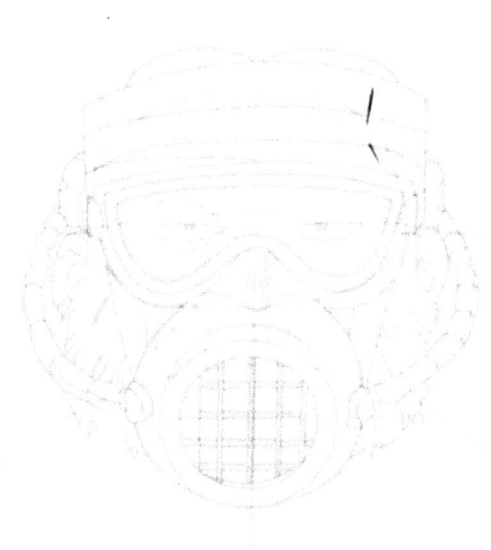

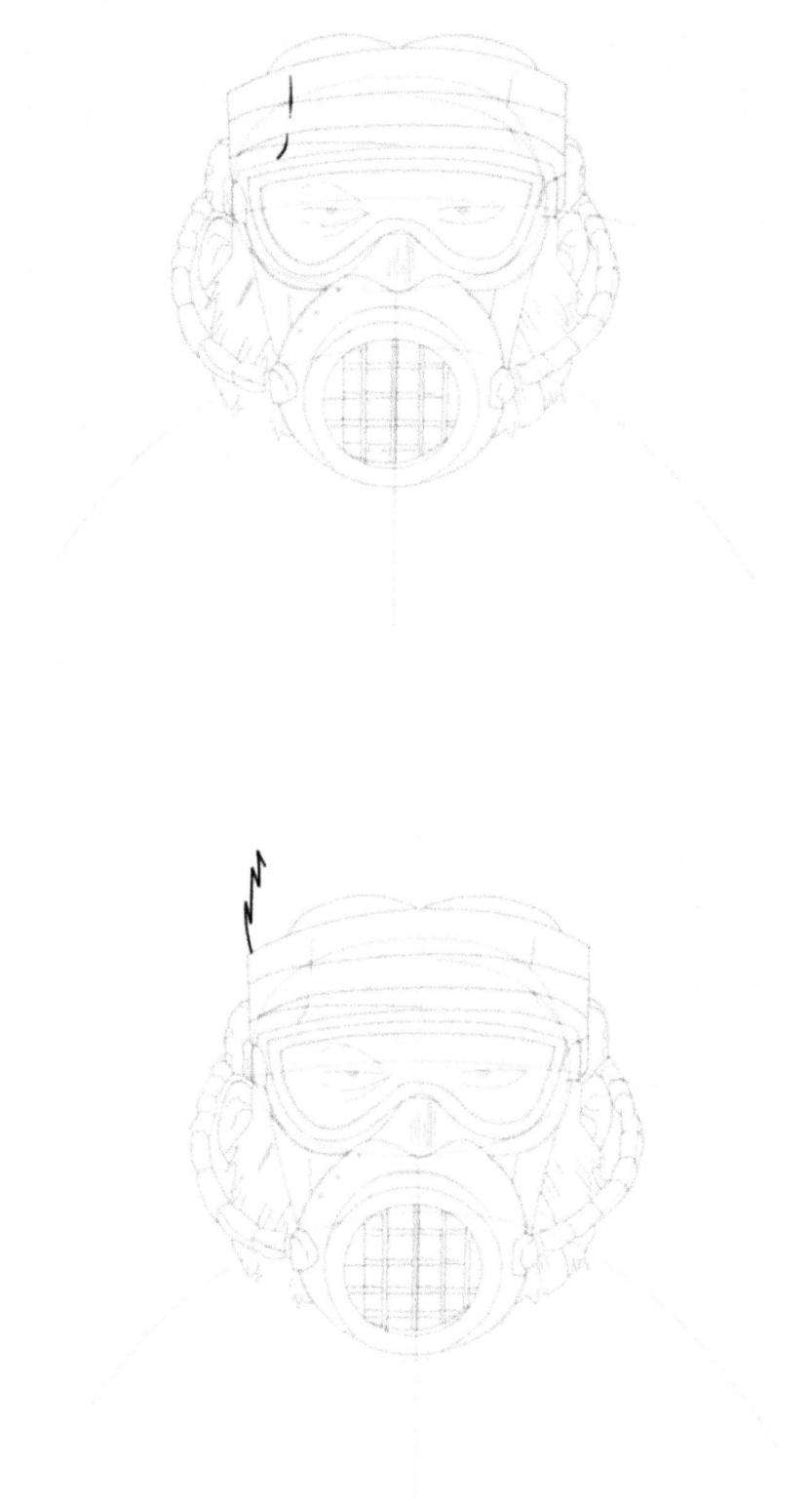

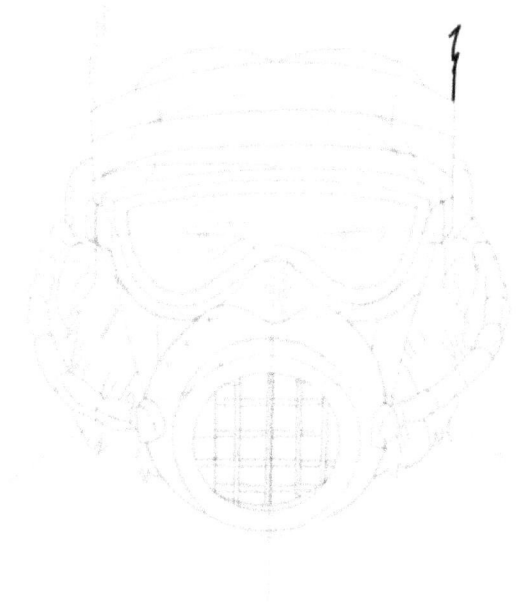

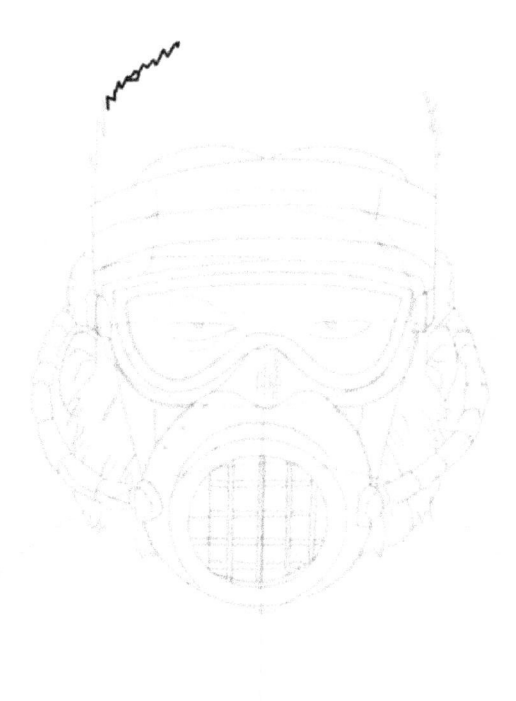

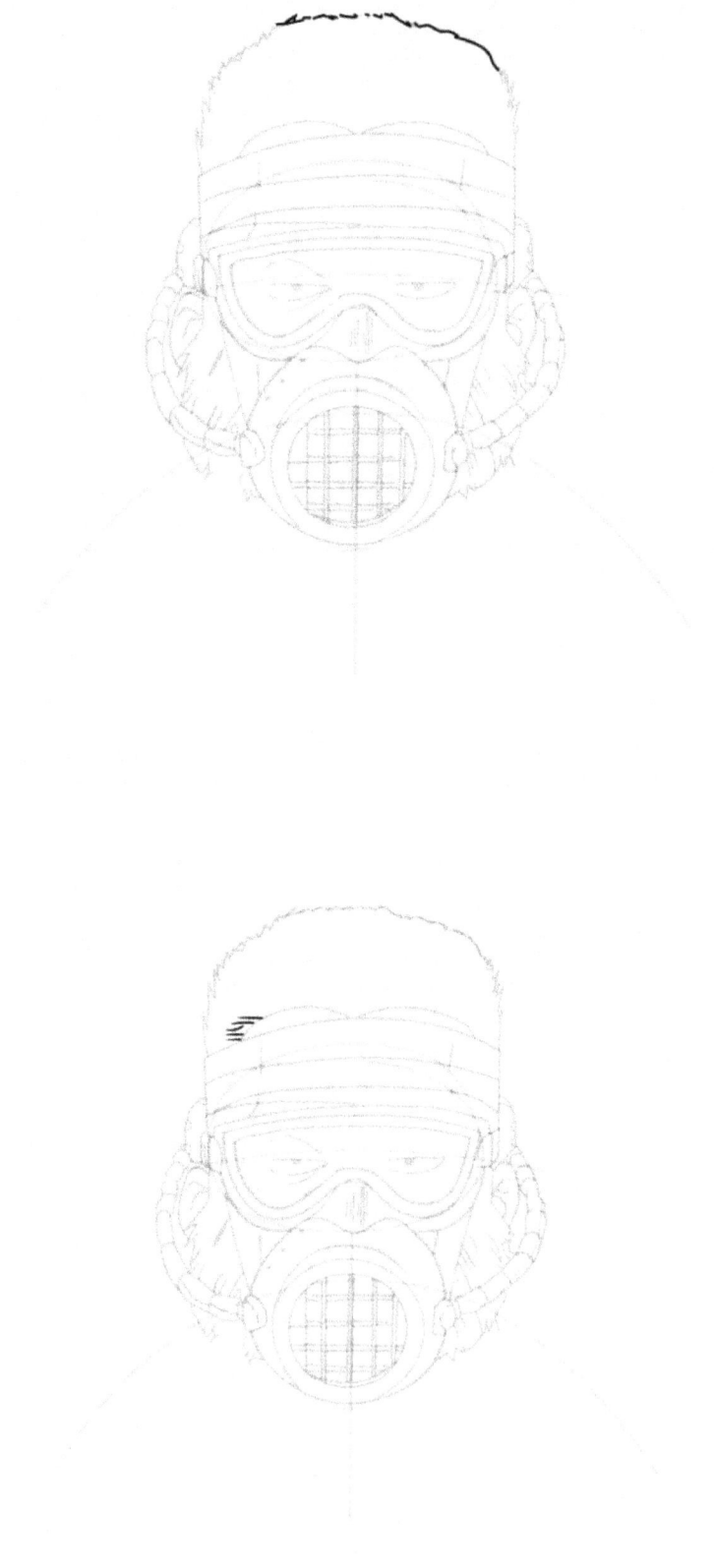

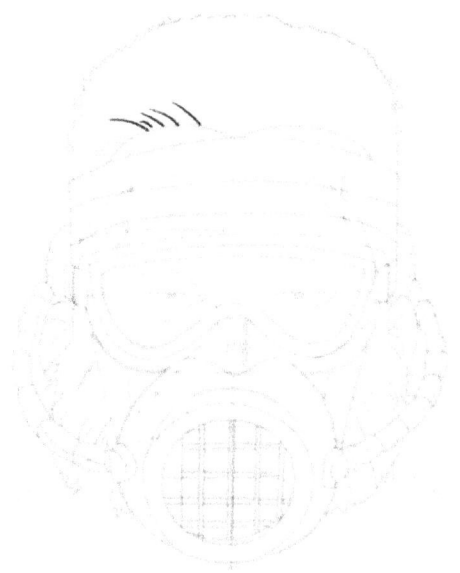

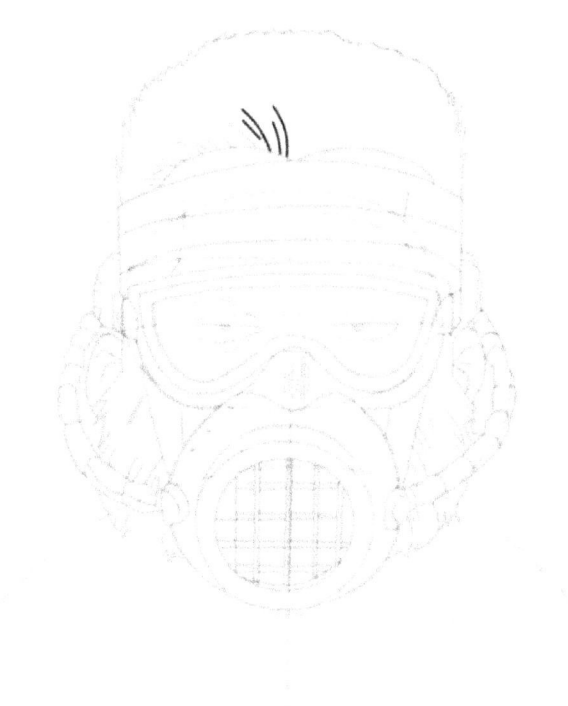

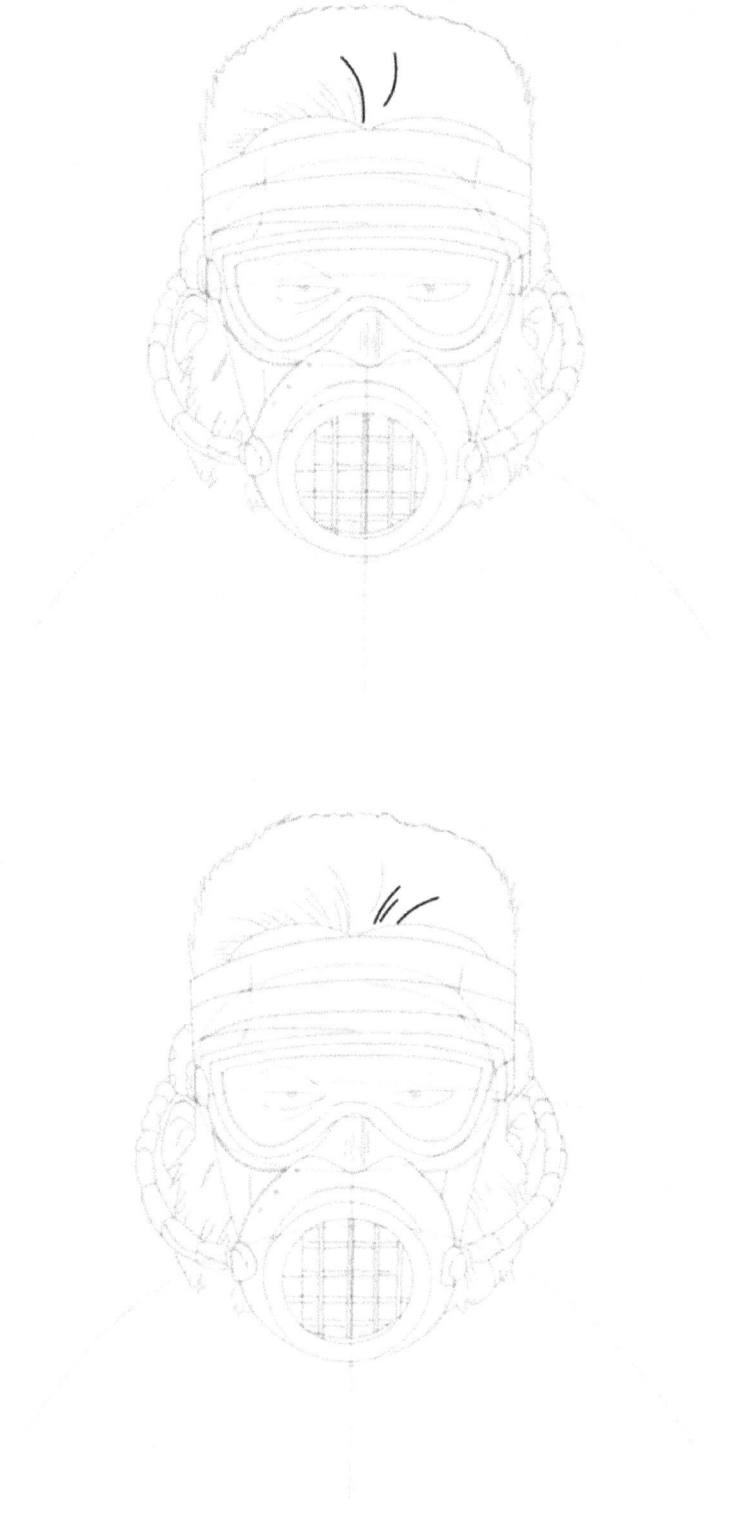

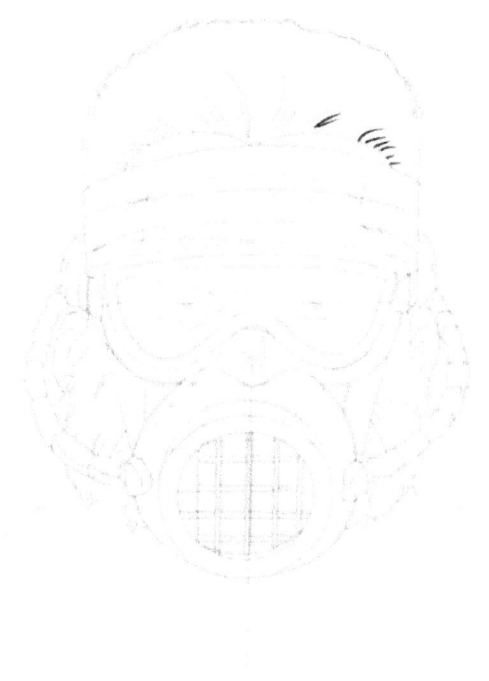

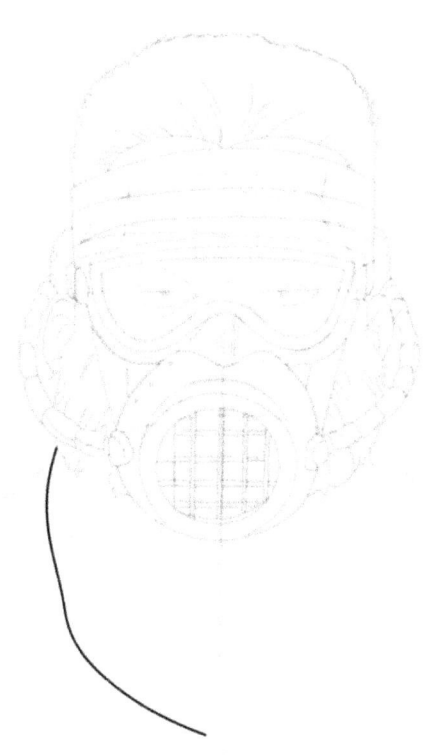

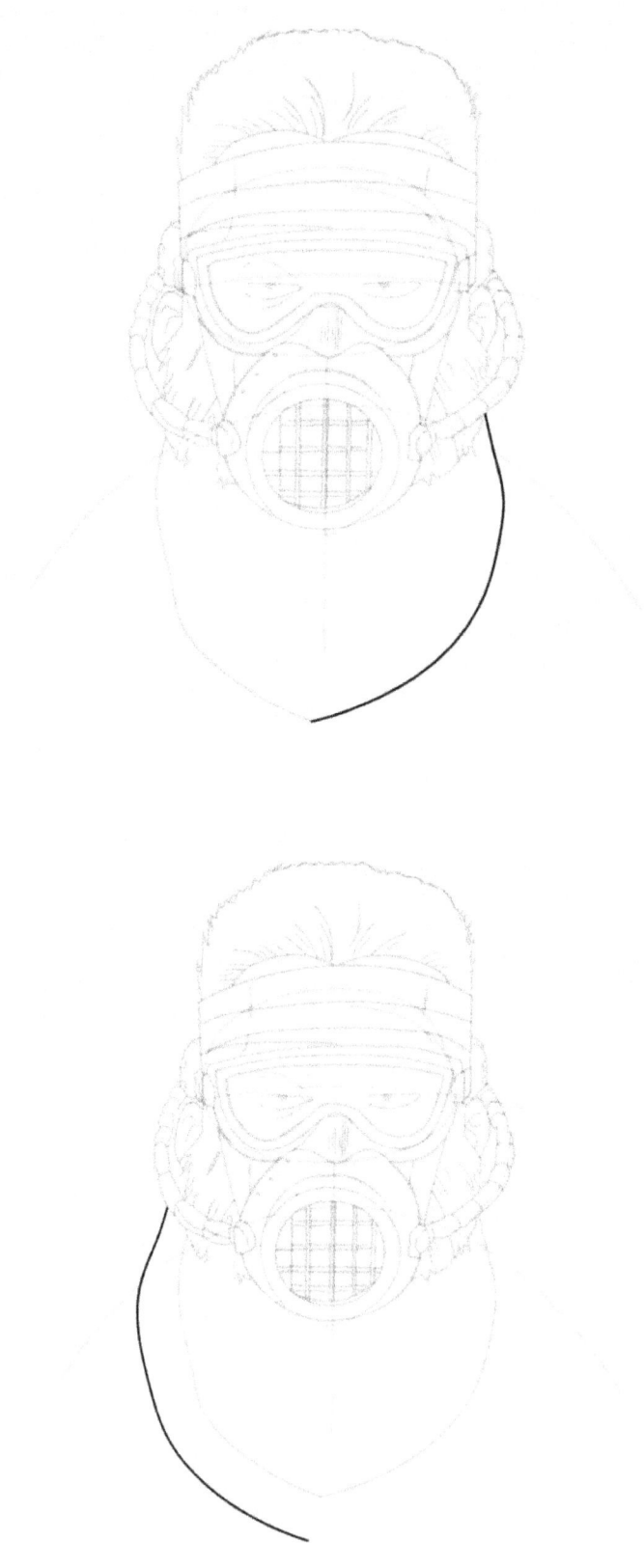

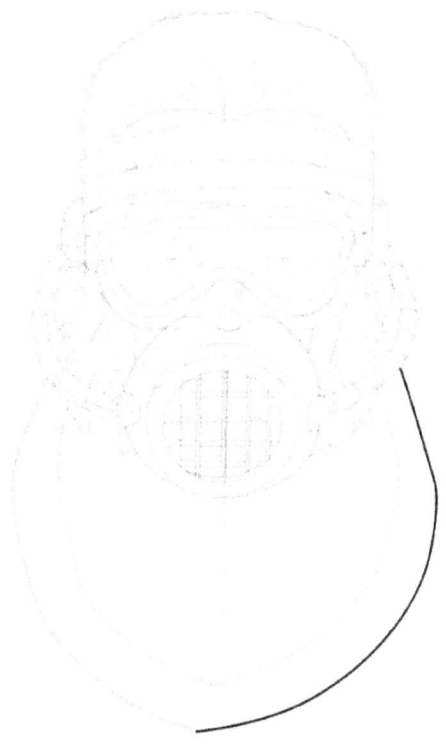

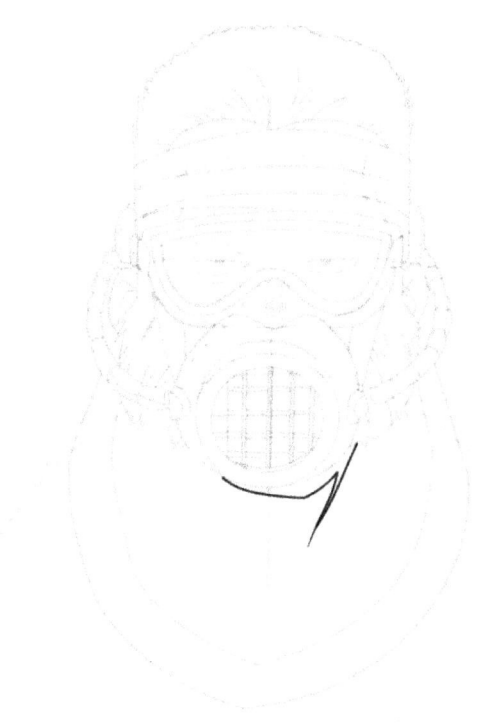

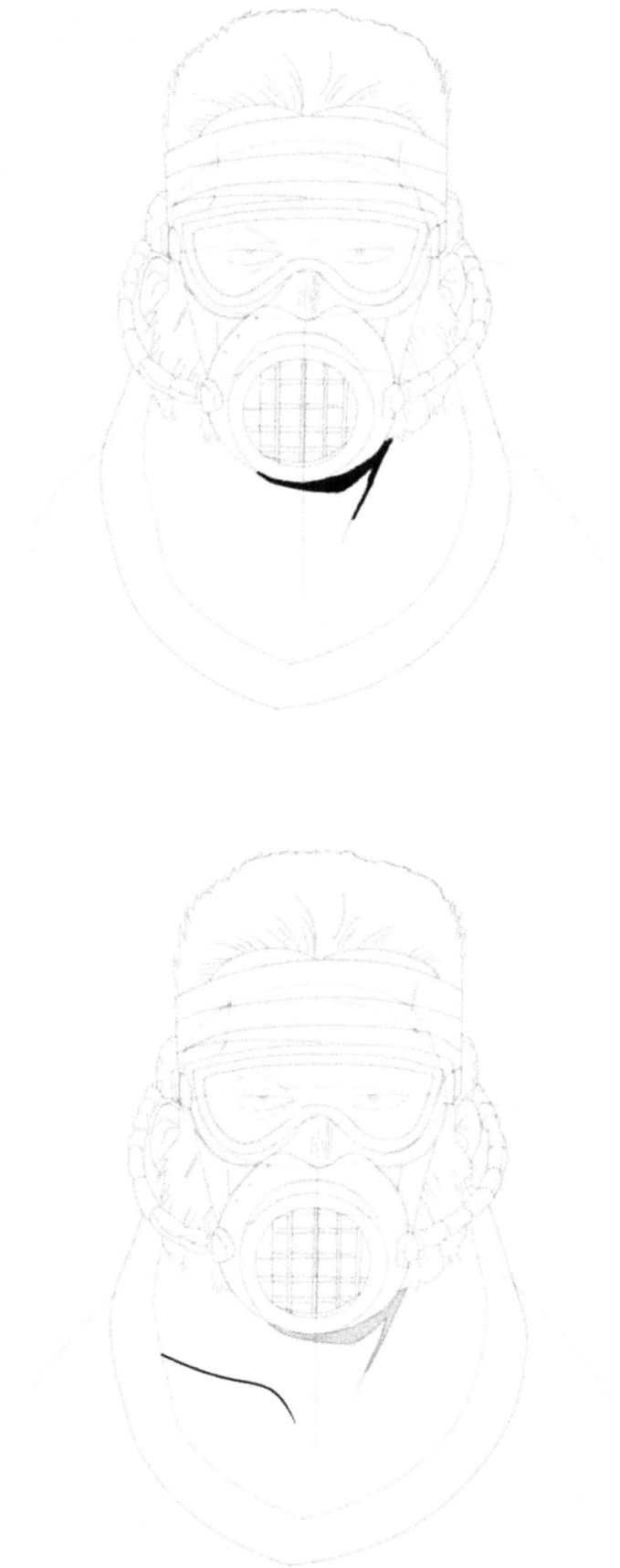

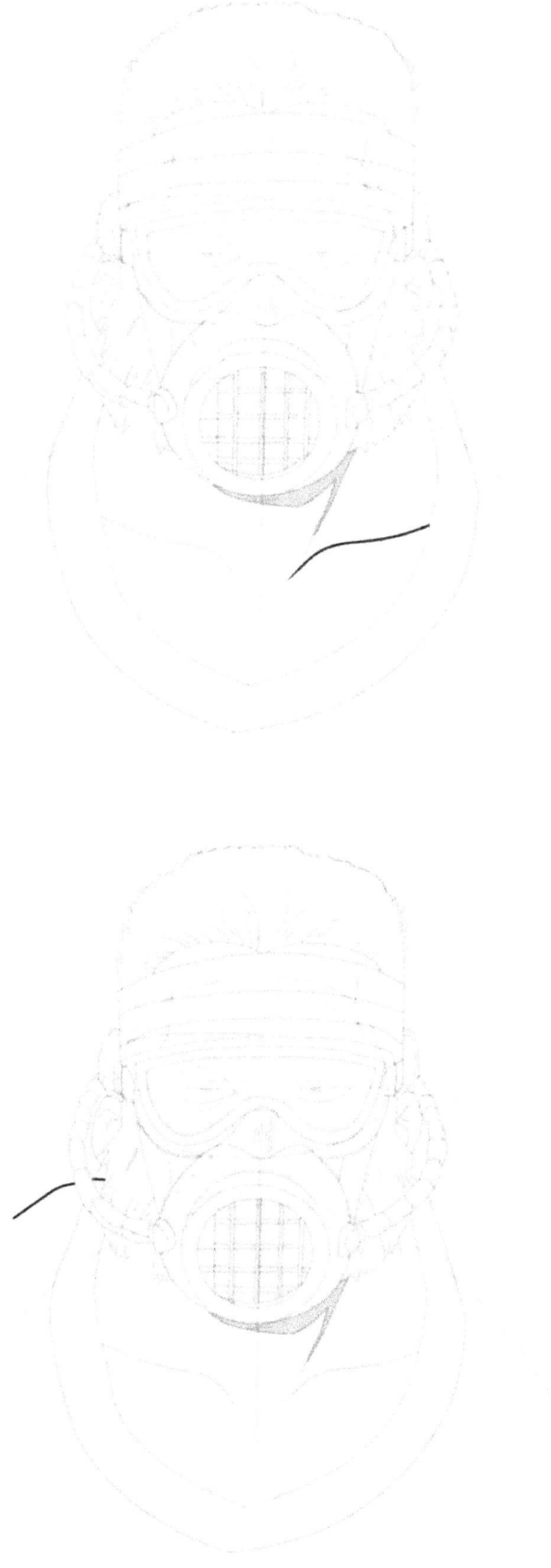

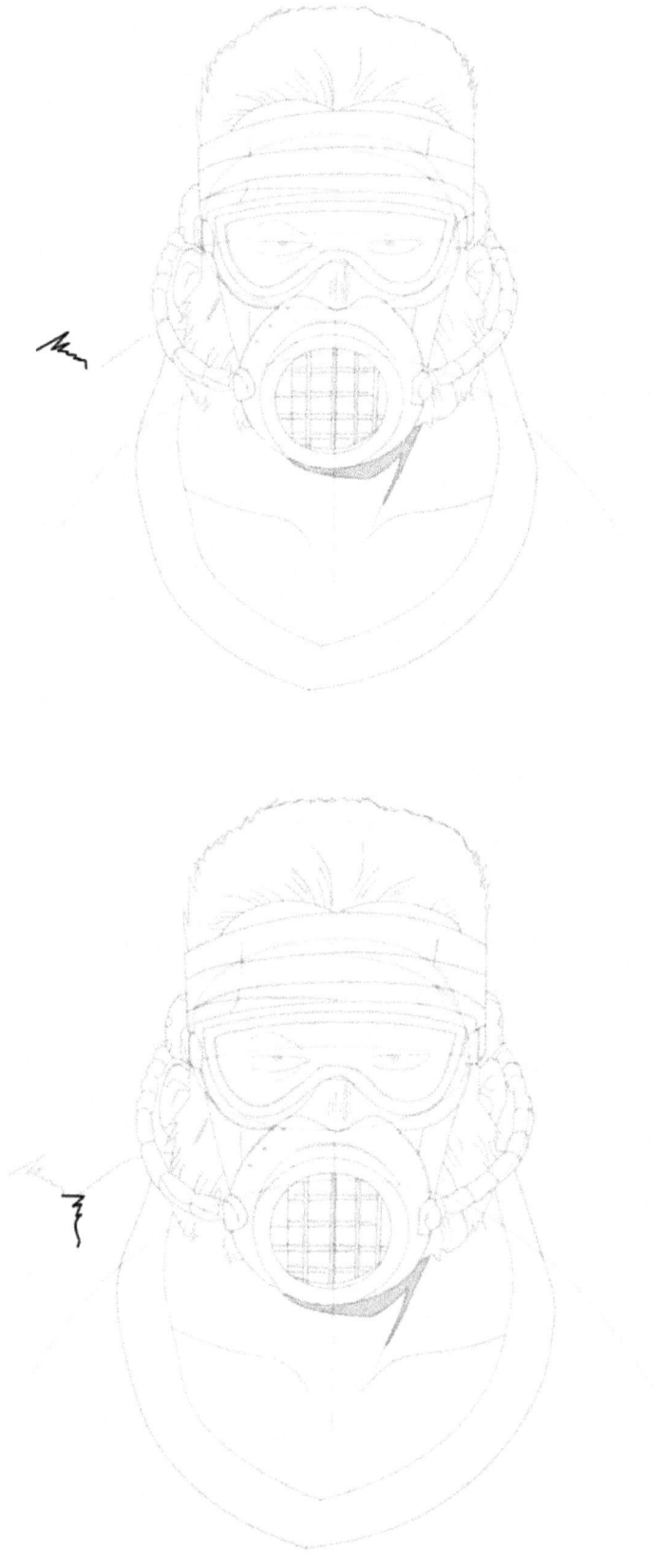

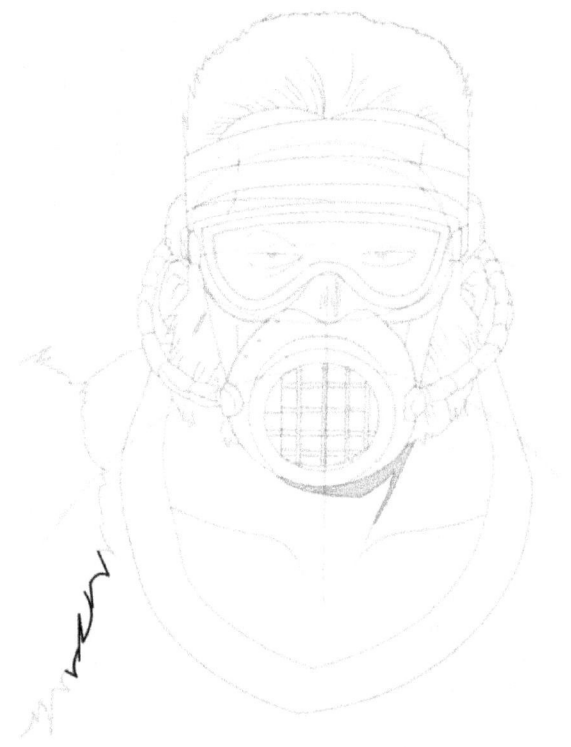

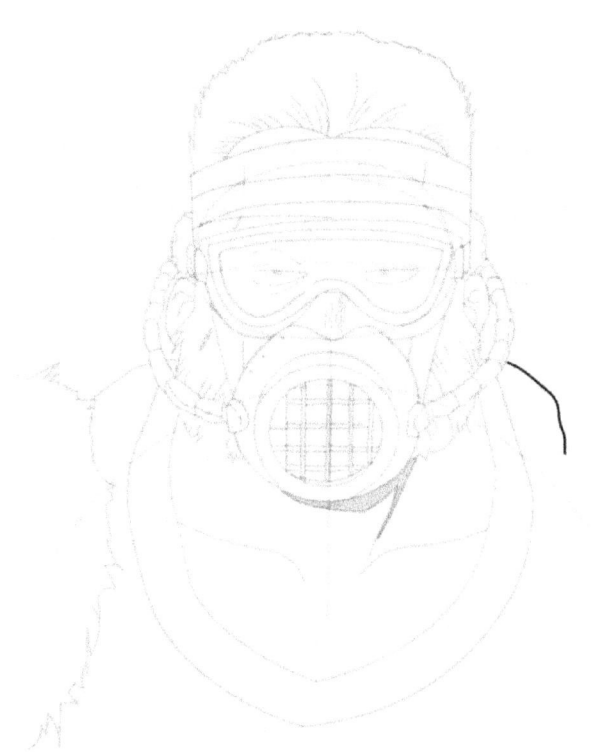

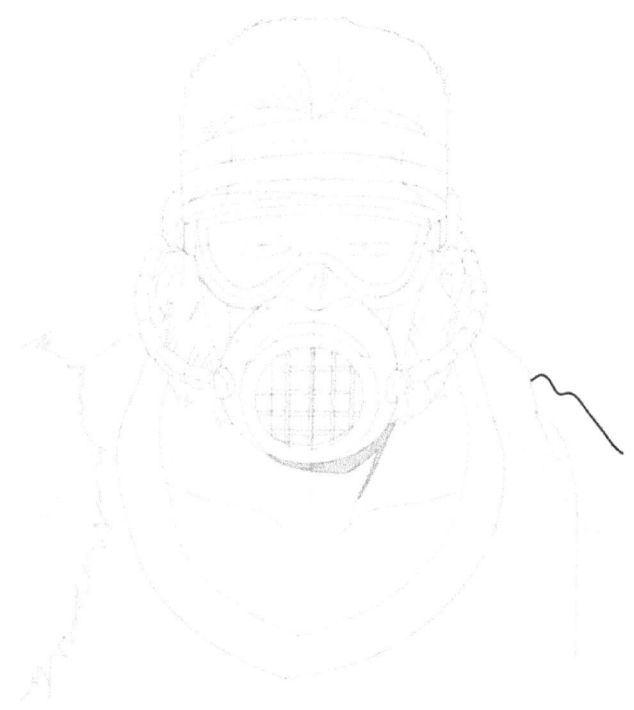

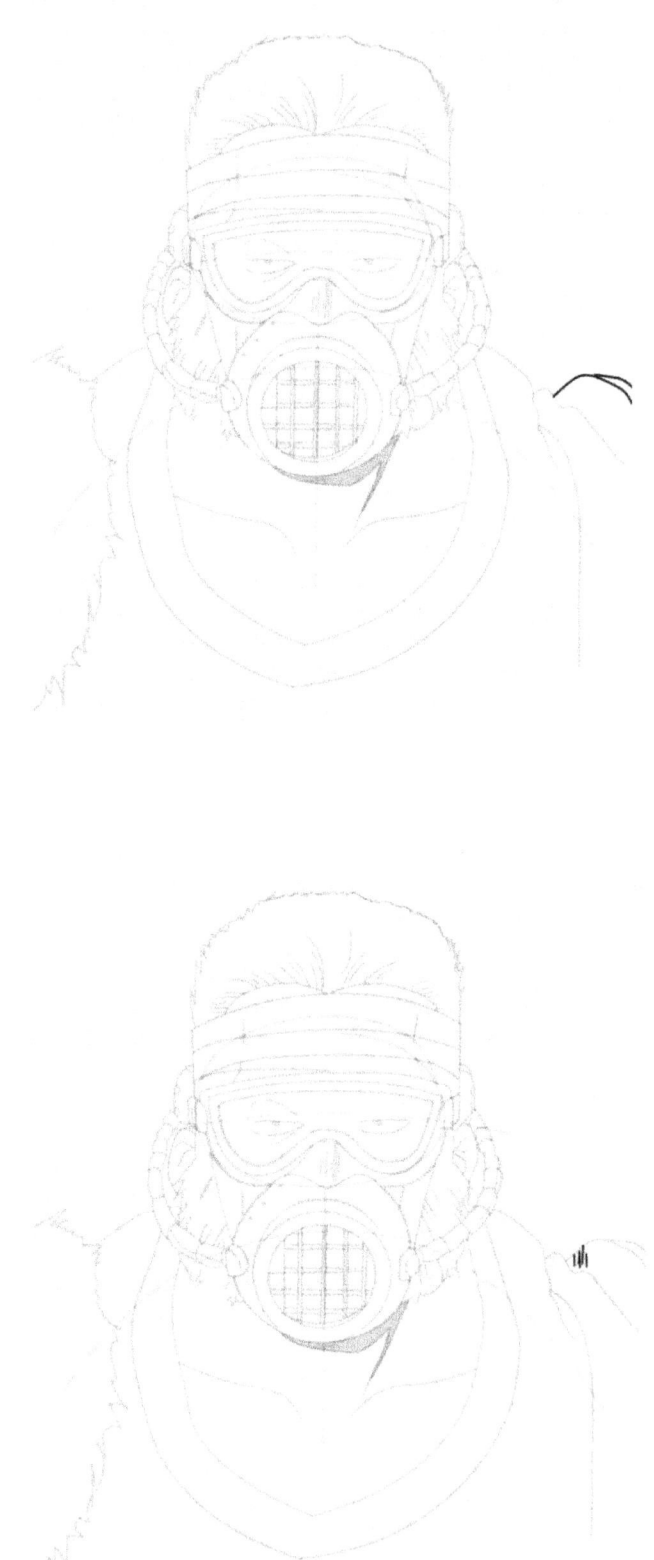

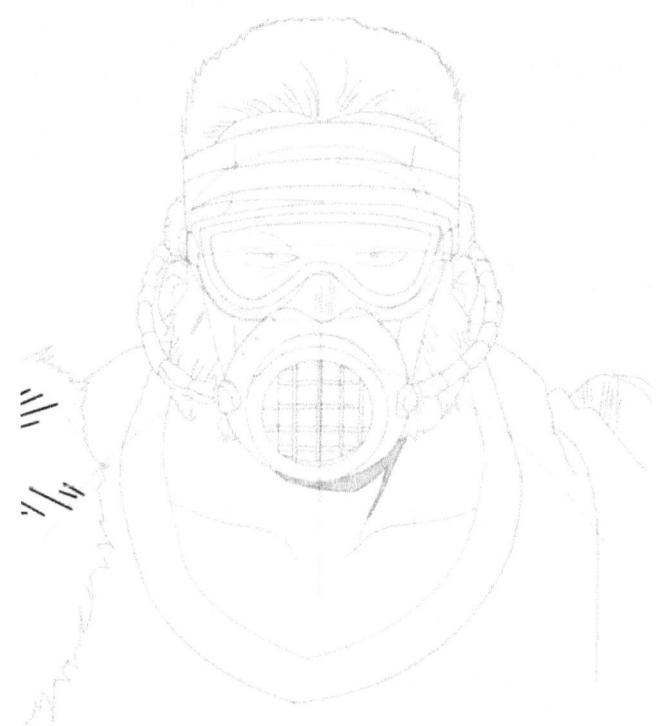

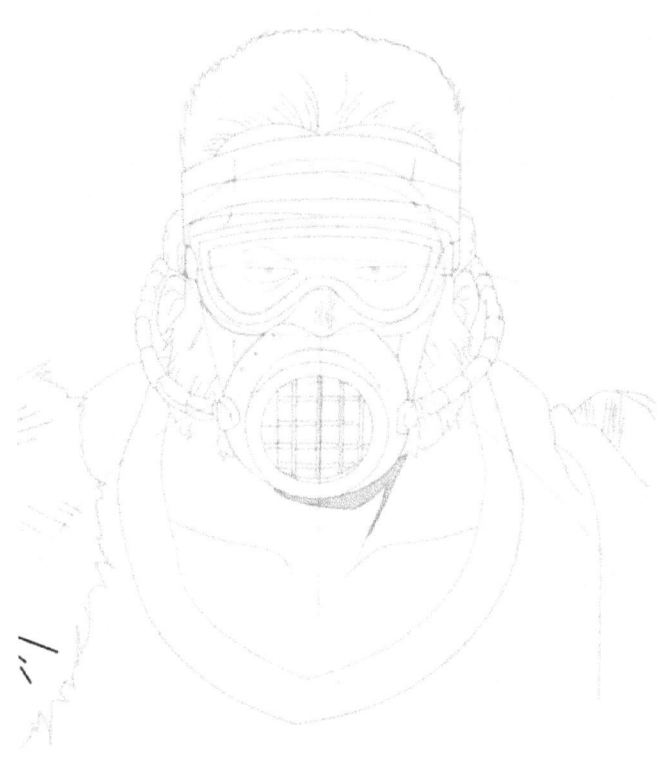

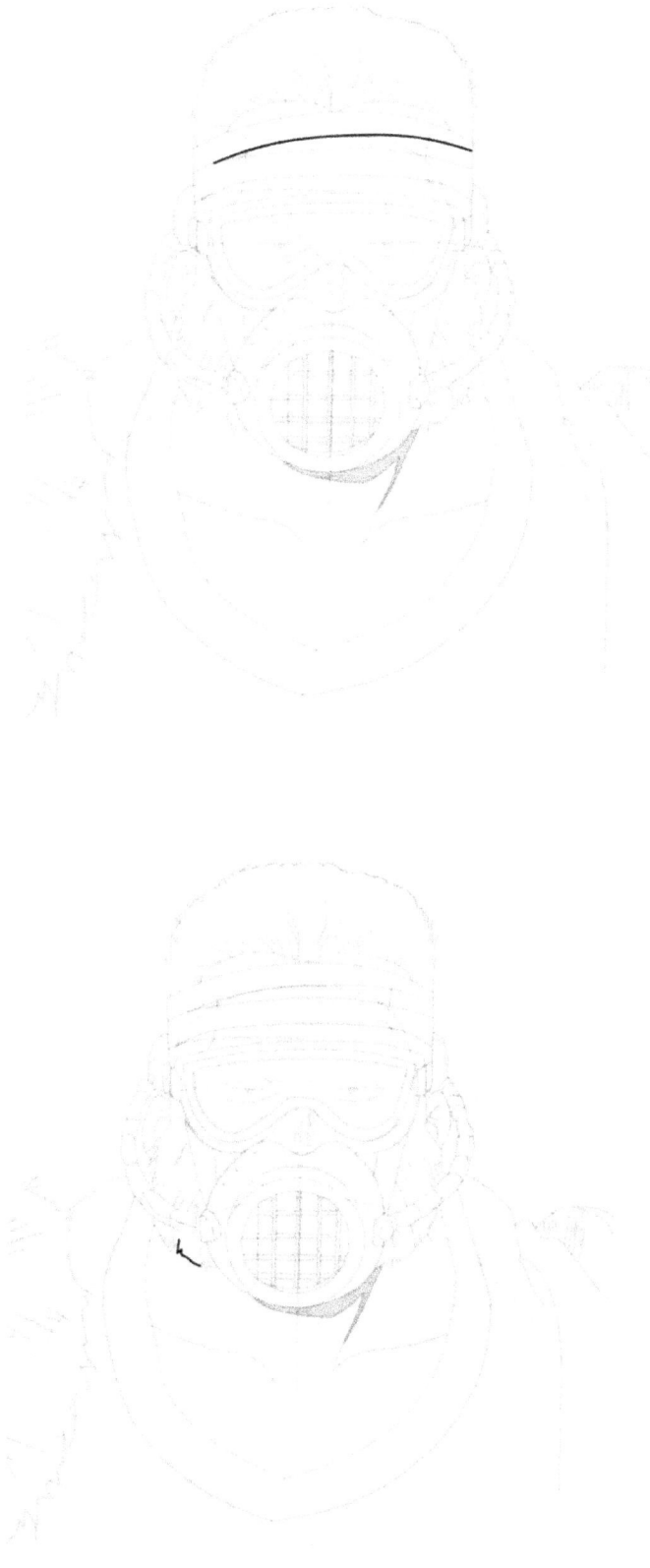

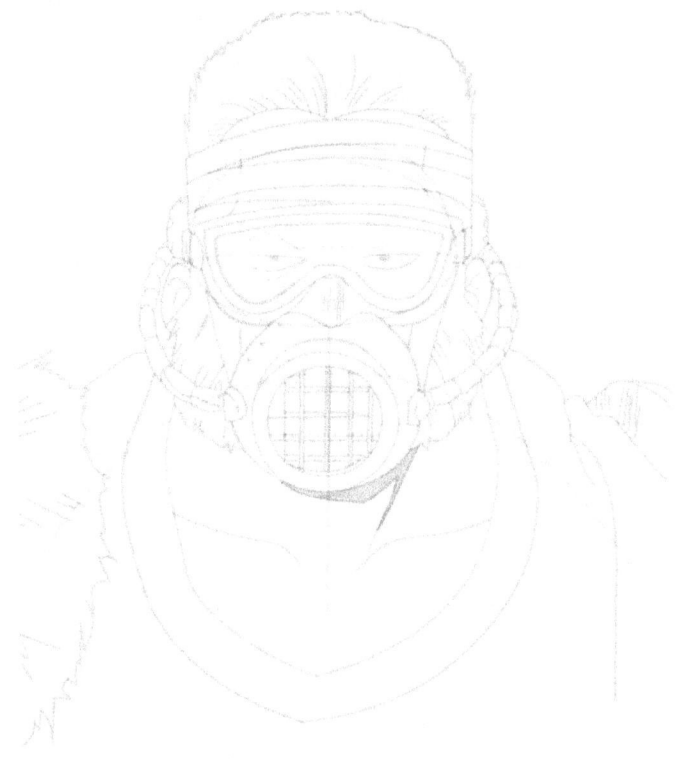

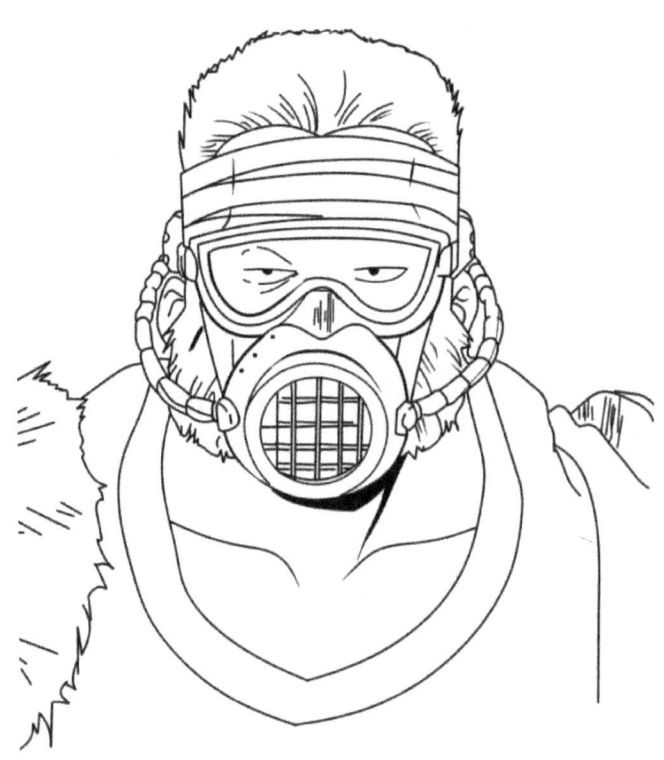

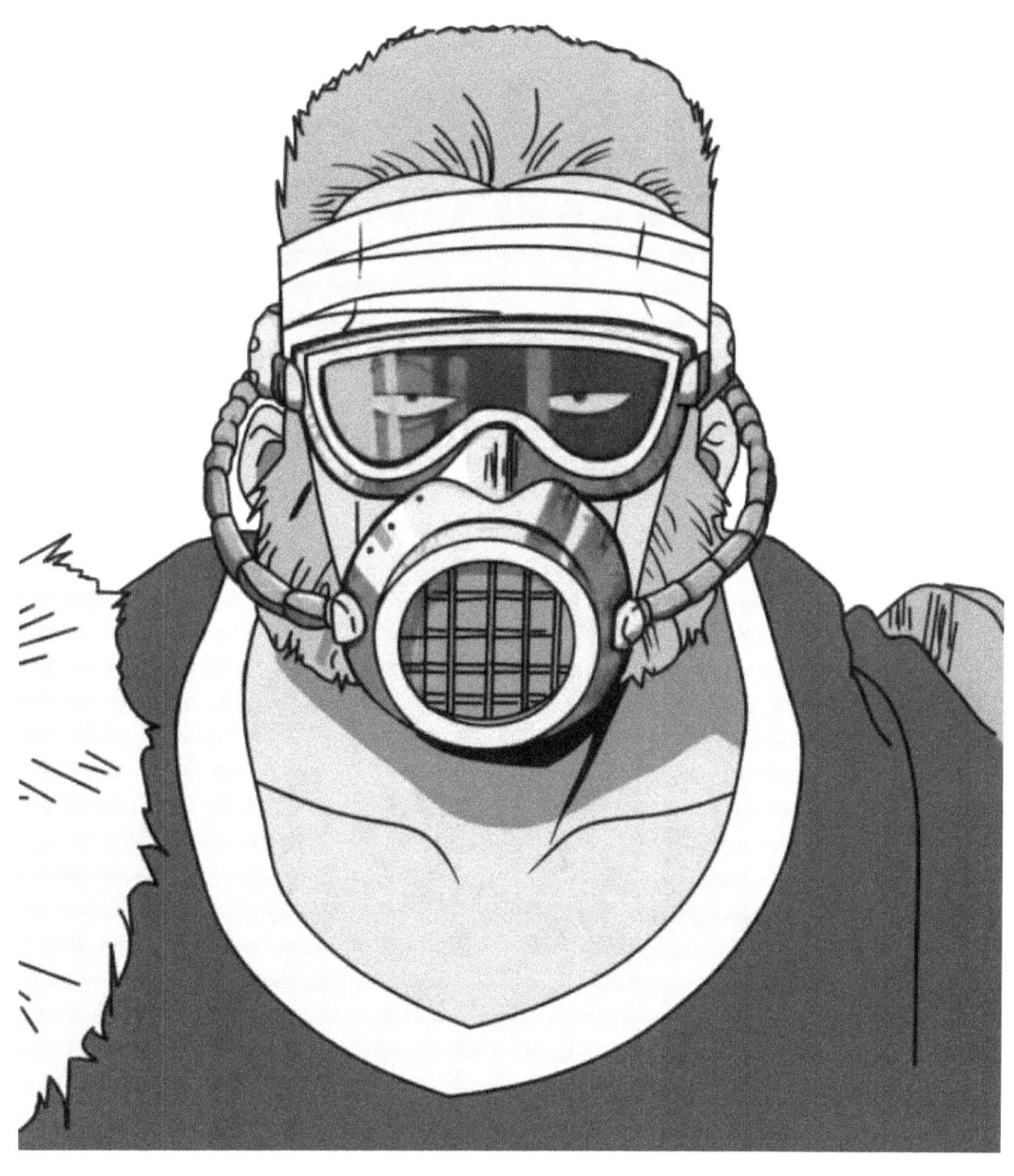

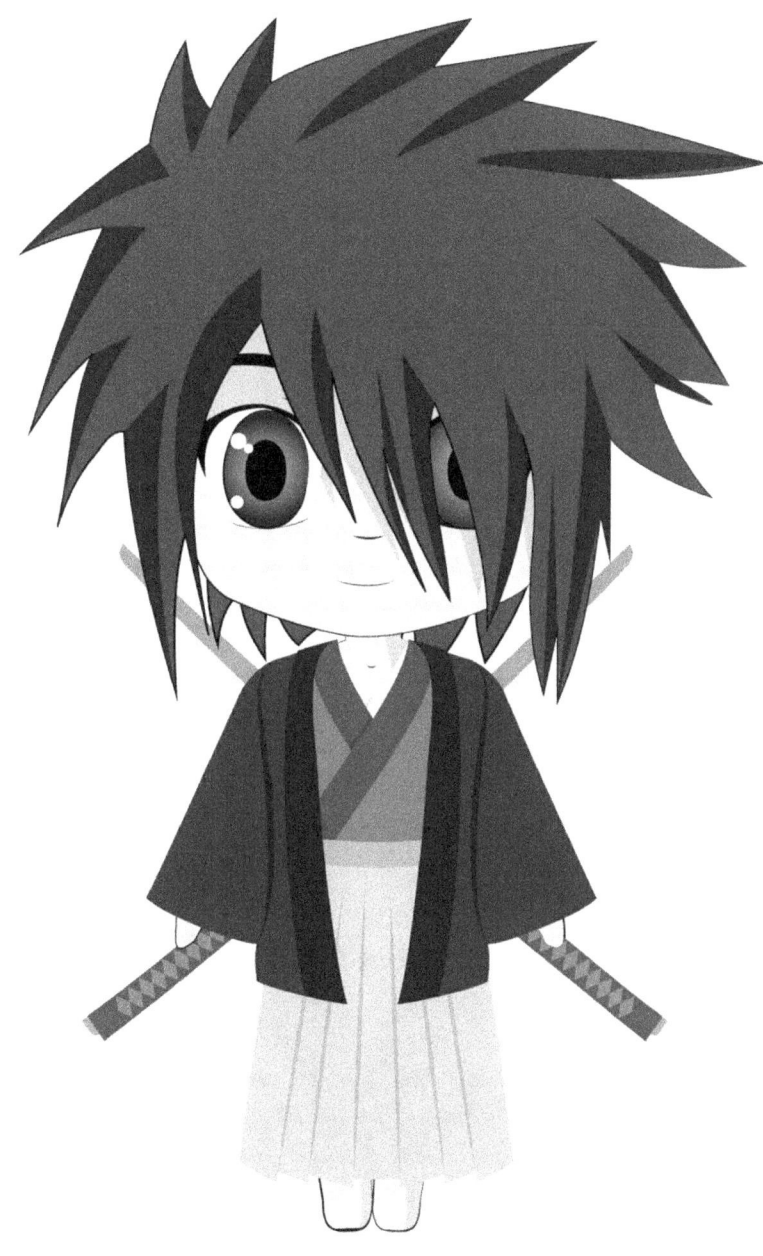

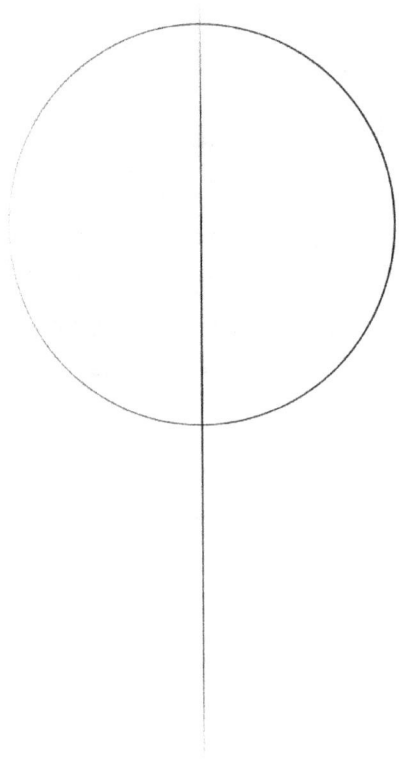

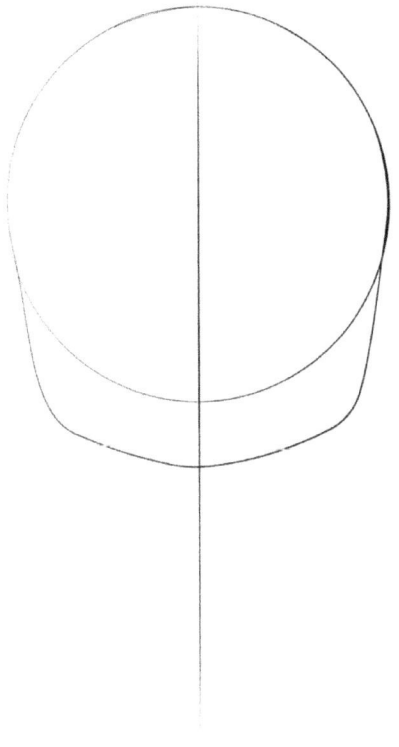

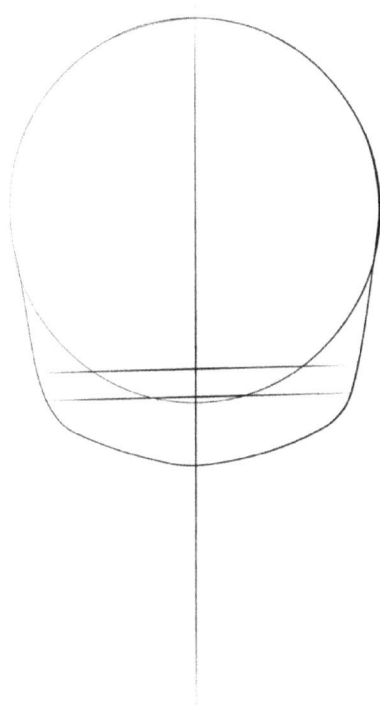

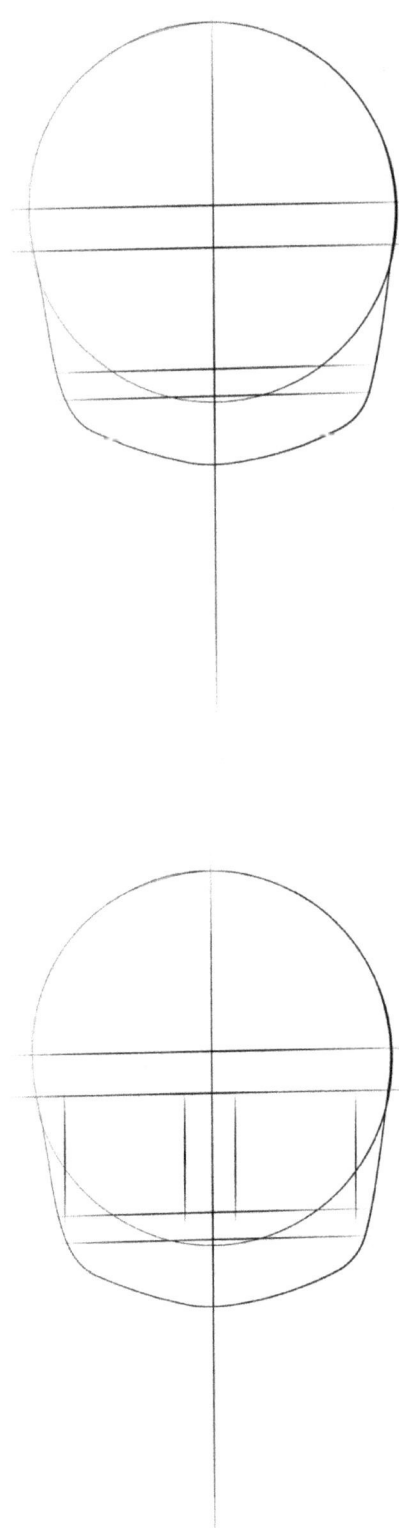

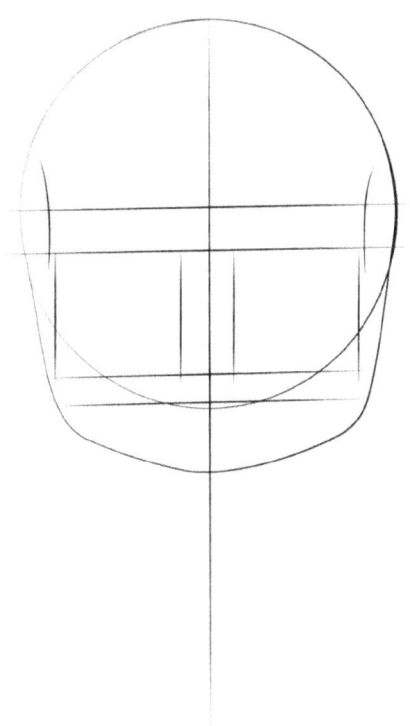

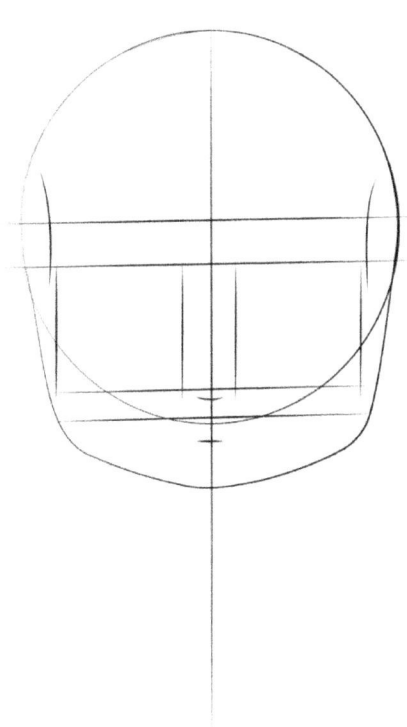

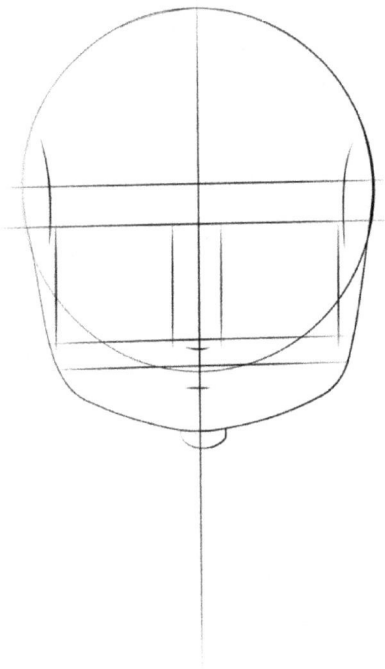

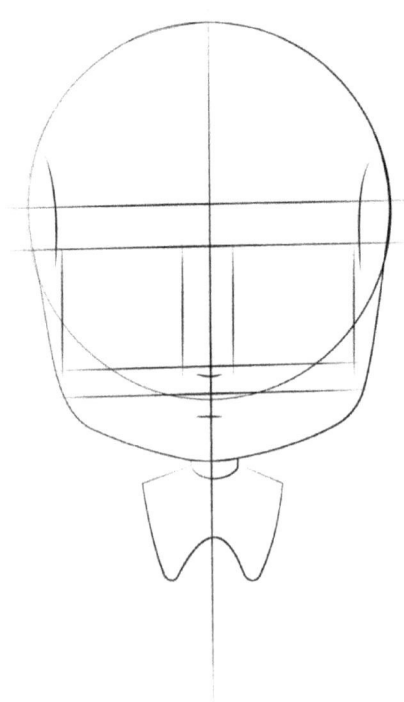

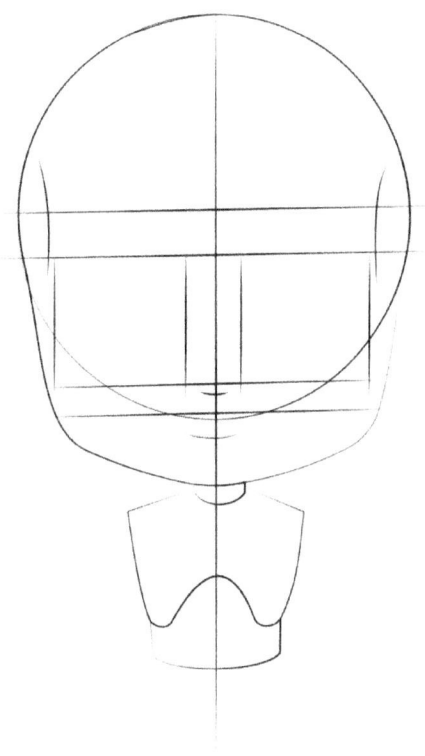

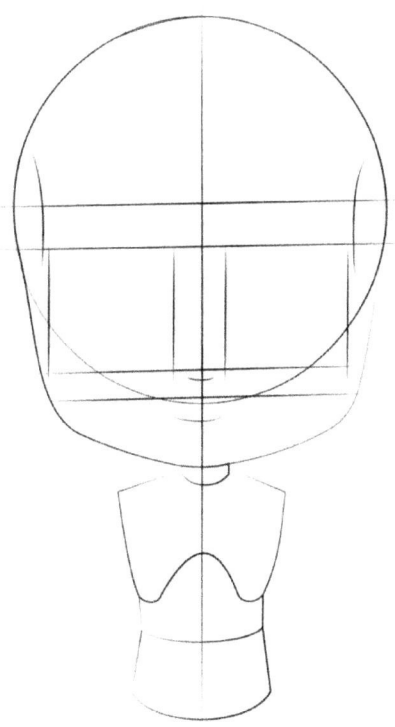

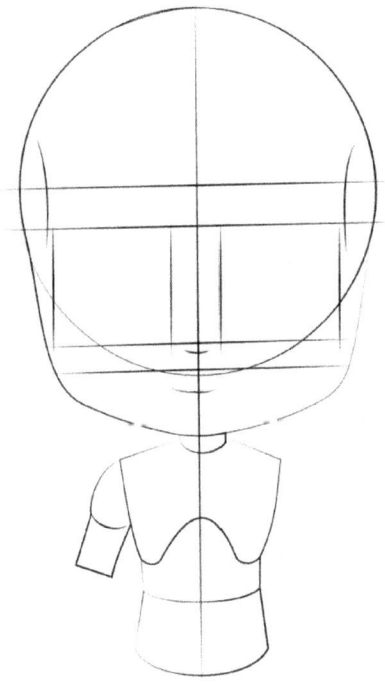

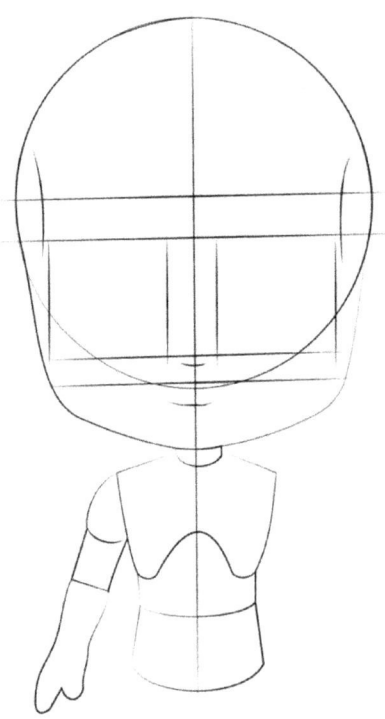

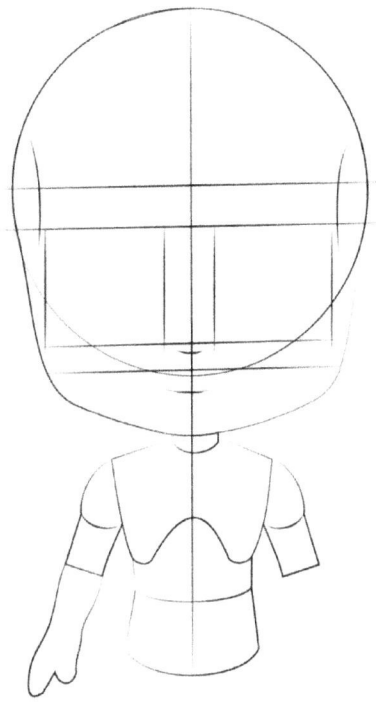

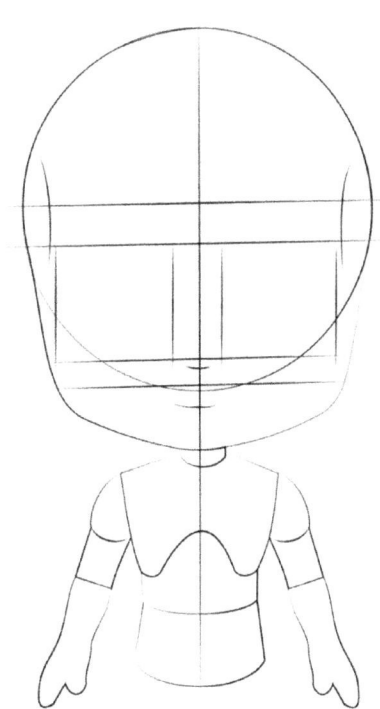

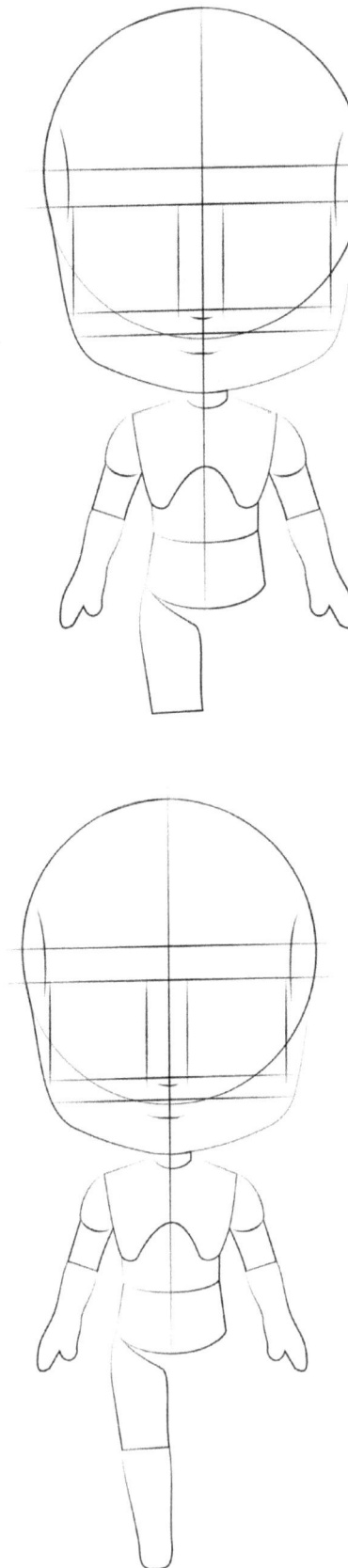

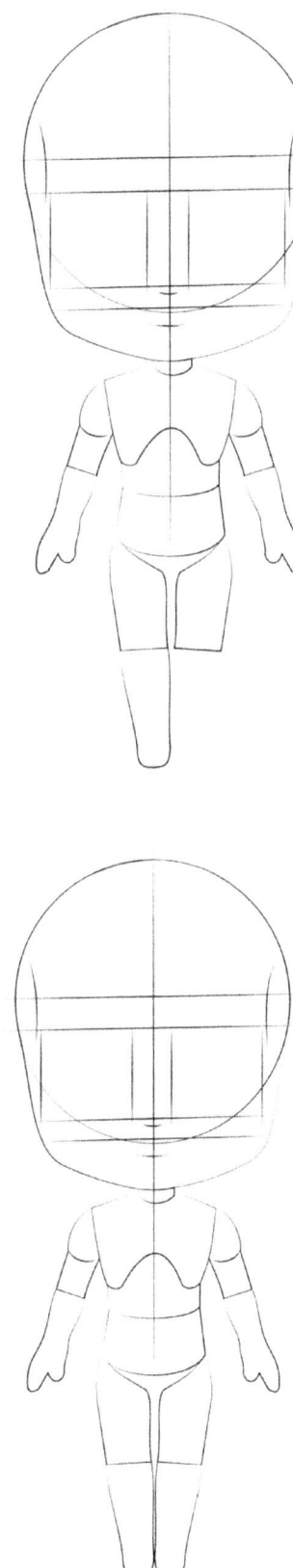

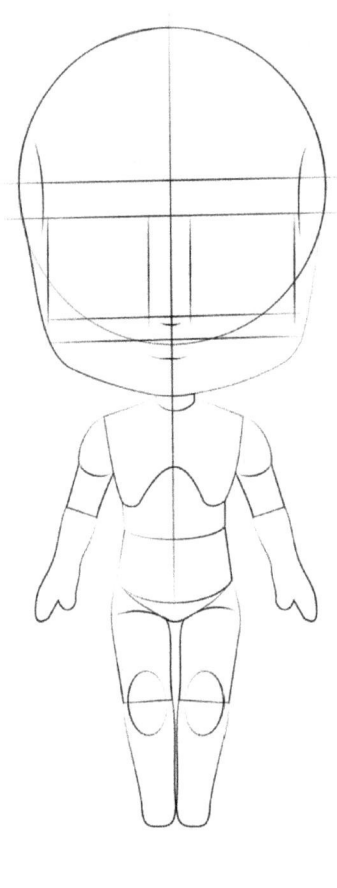

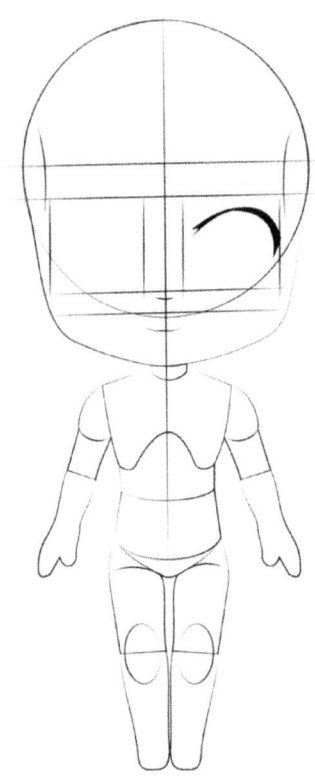

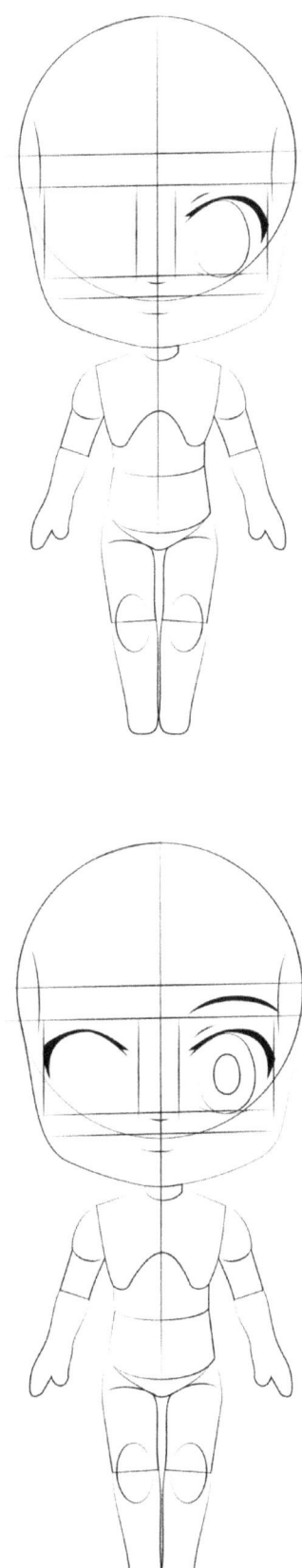

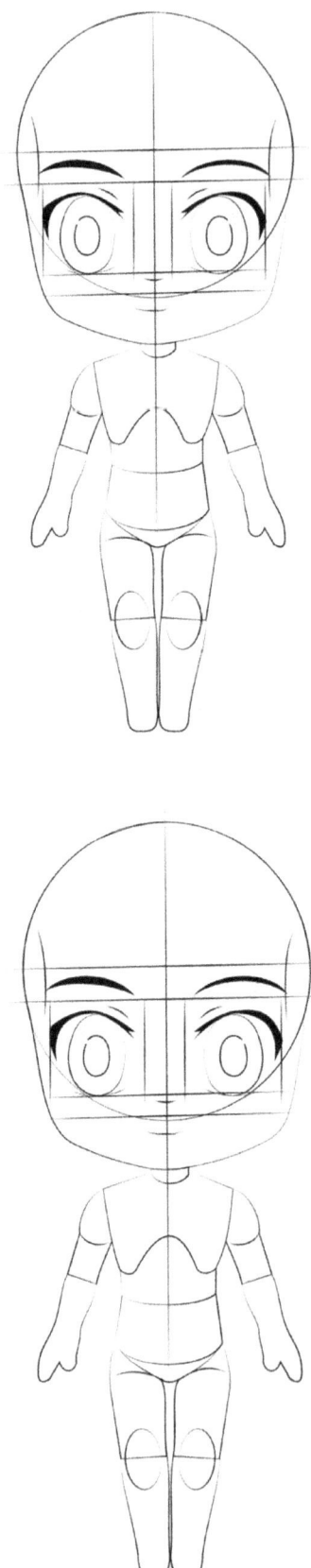

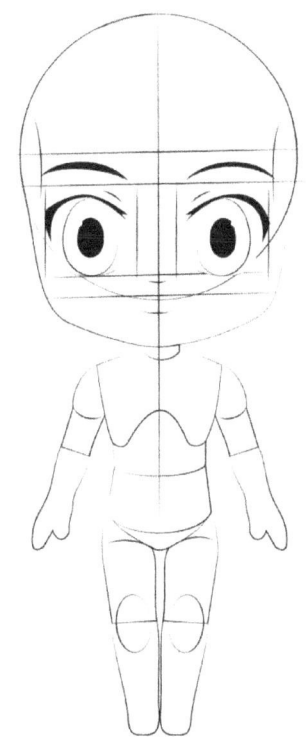

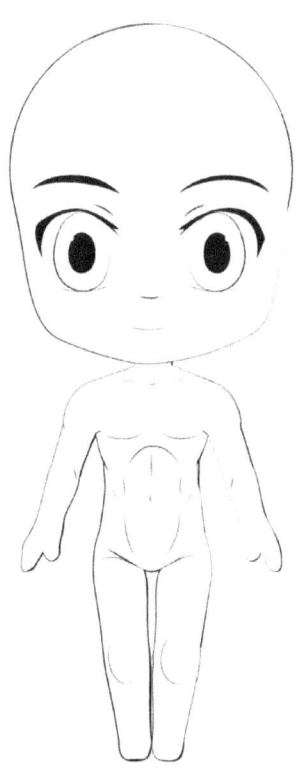

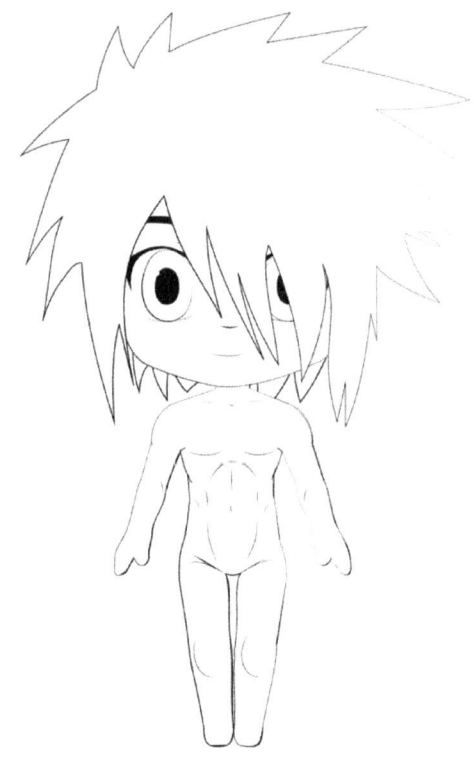

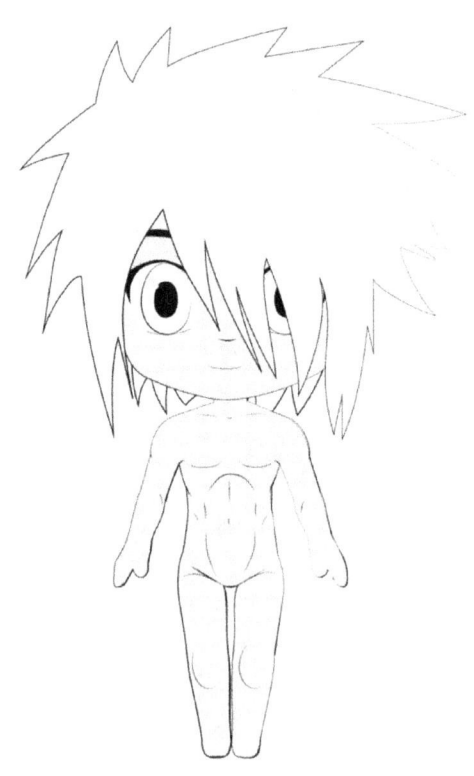

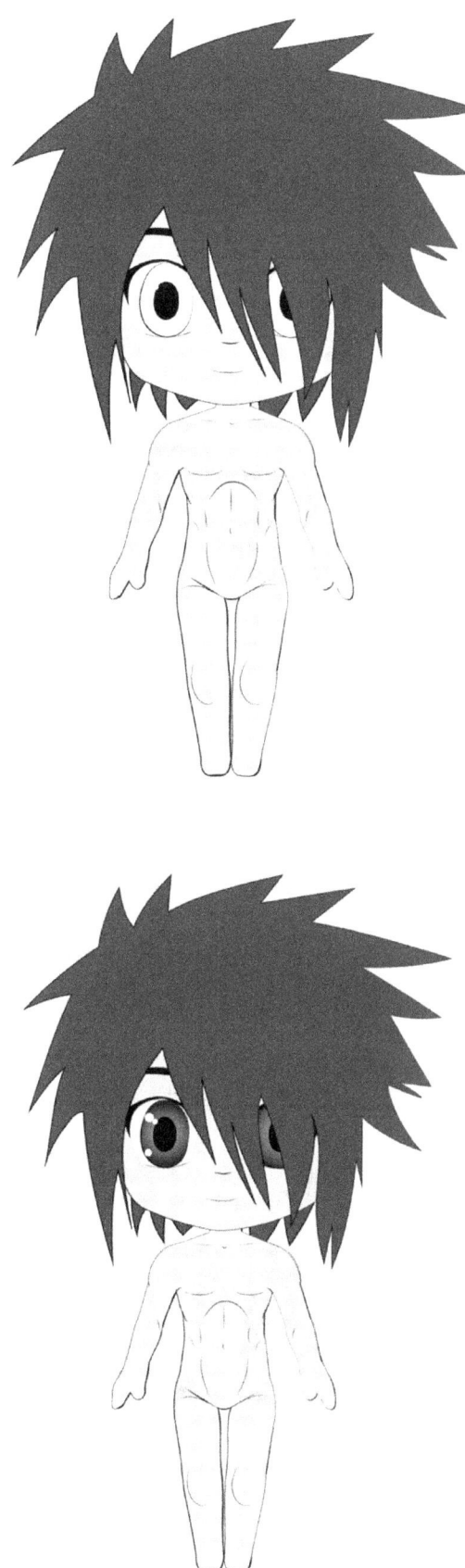

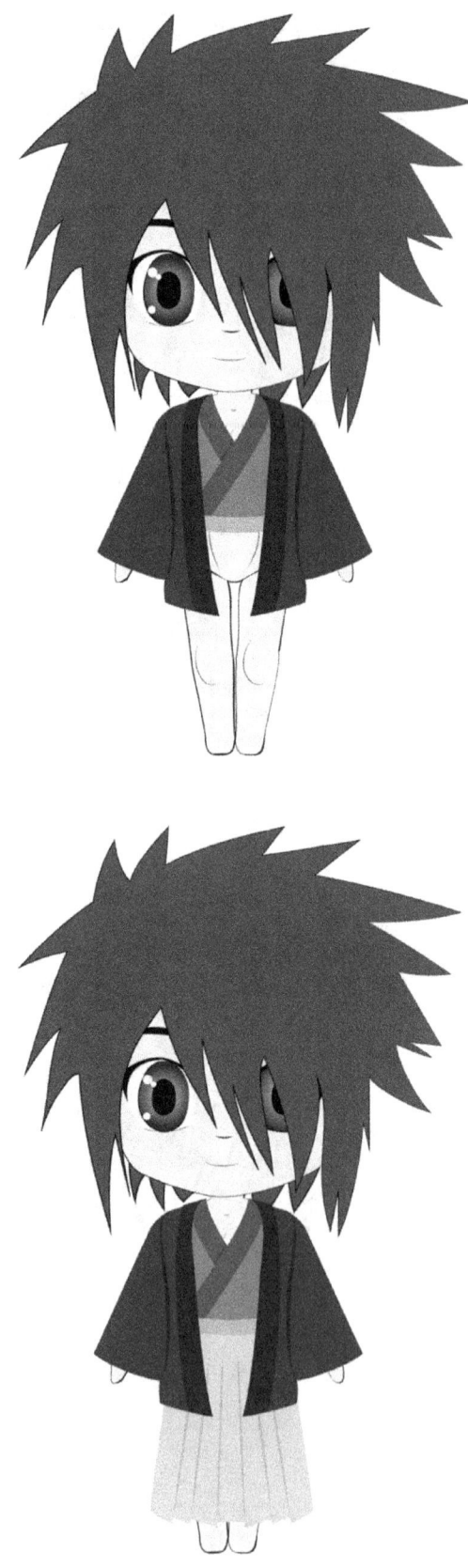

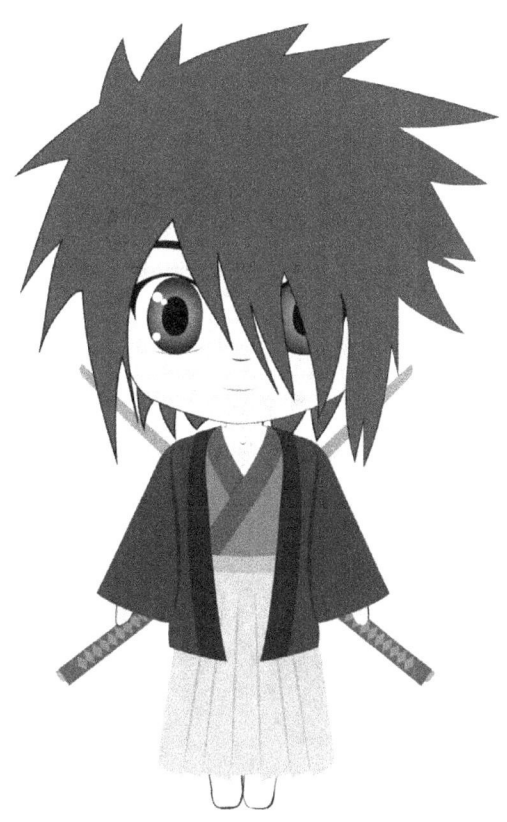

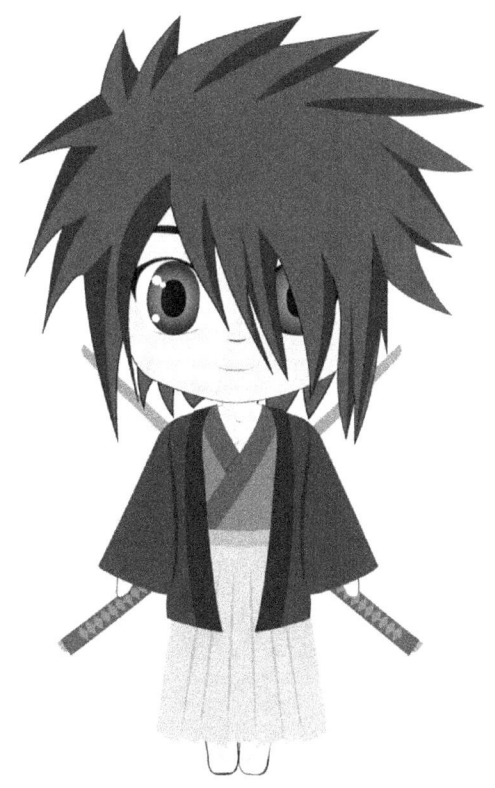

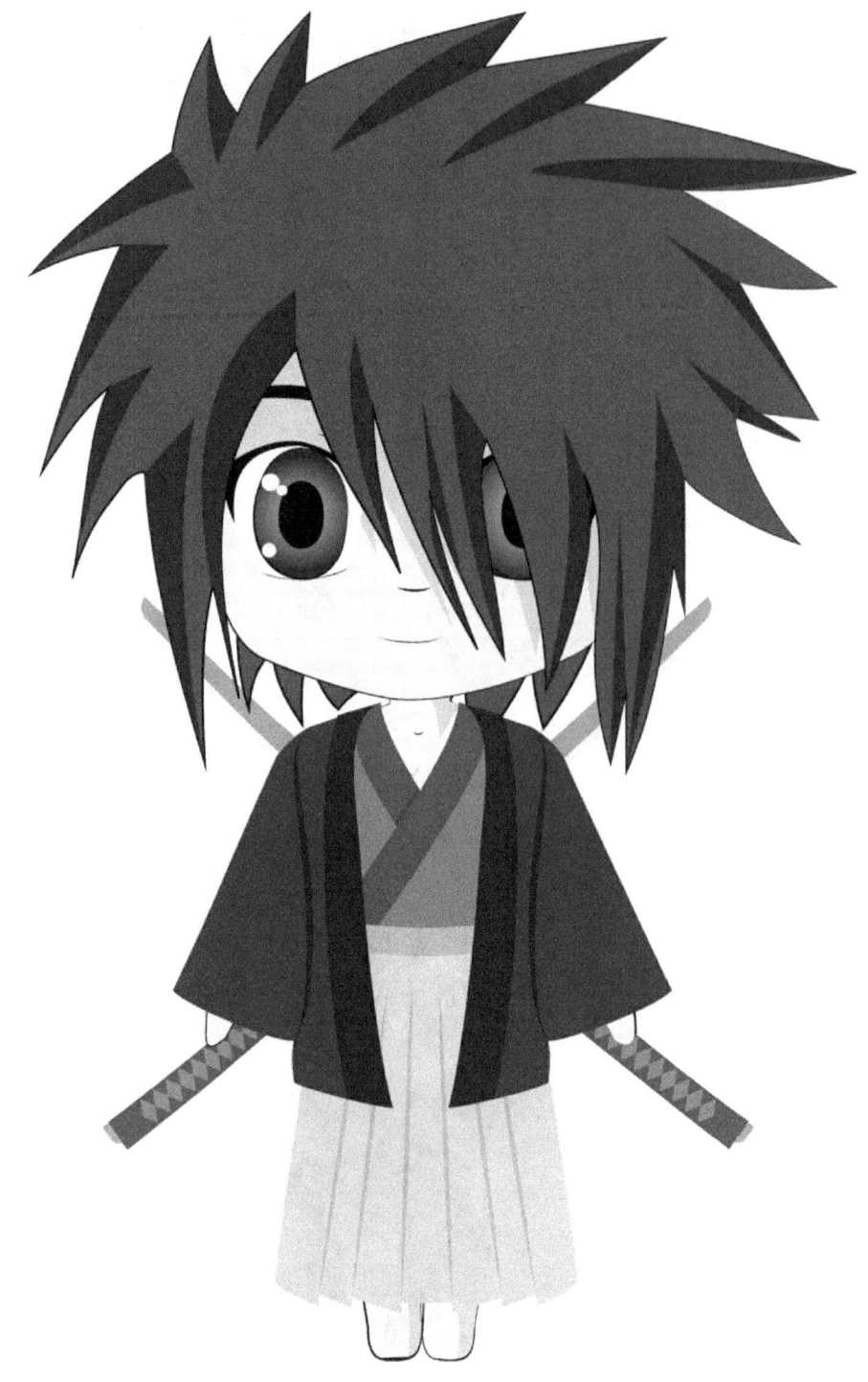

# CONCLUSIONE

Ora che sei arrivato alla fine di questo libro, spero che avrai imparato la base del disegno dei manga. Come visto, la storia dei manga è molto interessante, ed è proprio per questo che si sono diffusi in tutto il mondo. È un mondo a parte, che chi lo conosce se ne innamora a prima vista.

Come avrai visto, ci vuole tecnica e soprattutto una guida necessaria per iniziare a buttarsi in questo mondo. È proprio per questo che ti ho illustrato passaggio per passaggio come si realizza da zero un manga.

Avrai visto come gli strumenti per disegnare devono essere precisi e soprattutto ben puliti.

Ora che aspetti, tocca a te a metterti all'opera.

Se questo libro ti è piaciuto, mi farebbe piacere ricevere una tua recensione direttamente su Amazon con la foto del manga che hai realizzato.